Oskar Stillich

Die englische Agrarkrisis

Ausdehnung, Ursachen und Heilmittel

Oskar Stillich

Die englische Agrarkrisis
Ausdehnung, Ursachen und Heilmittel

ISBN/EAN: 9783743433915

Hergestellt in Europa, USA, Kanada, Australien, Japan

Cover: Foto ©ninafisch / pixelio.de

Manufactured and distributed by brebook publishing software (www.brebook.com)

Oskar Stillich

Die englische Agrarkrisis

Die

nglische Agrarkrisis

ihre

Ausdehnung, Ursachen und Heilmittel.

Nach der

Enquête der „Royal Commission on Agriculture"

bearbeitet

von

Dr. Oskar Stillich,

Dozenten an der Humboldt-Akademie in Berlin.

———◆———

Jena.

Verlag von Gustav Fischer.

1899.

Vorwort.

Im September 1893 wurde von der Königin von England eine Kommission (Royal Commission on Agriculture) ernannt, die Untersuchungen über die landwirtschaftliche Krisis in Grofsbritannien anstellen und Vorschläge machen sollte, wie dieselbe durch die Gesetzgebung oder andere Mittel gemildert werden könne.

Die Untersuchungskommission setzte sich aus folgenden Mitgliedern zusammen: Shaw Lefevre (Vorsitzender). Viscount Cobham (seit April 1896 an Stelle des bisherigen Vorsitzenden), Lord Vernon (legte im März 1894 sein Amt nieder). Mr. Chaplin, M. P., Mr. Long, M. P., Sir Nigel Kingscote, Sir Robert Giffen, Mr. Elton, Q. C., Kaptain Owen Thomas, Mr. Channing, M. P., Mr. Clay. Mr. Dalton, C. B.. Mr. R. L. Everett. Mr. John Gilmour, Mr. Lambert, M. P., Mr. William C. Little und Mr. Charles Whitehead. Als Sekretär fungierte Mr. Herbert Lyon.

In drei grofsen Blaubüchern Minutes of Evidence (Vol. I und II 1894 und Vol. III 1895 erschienen) sind im ganzen 46151 Fragen und Antworten und eine Reihe von Appendices niedergelegt. Das Zeugenverhör begann am 9. November 1893 und endete am 25. April 1895. In der Zwischenzeit fanden einige Unterbrechungen statt. Von den 177 Sitzungen entfielen 117 auf mündliche Vernehmung von Sachverständigen. deren Zahl 191 betrug.

Zu ihrer Unterstützung ernannte die kgl. Kommission 8 Assistant-Commissioners. welche die Aufgabe hatten, die Landwirtschaft einzelner Distrikte oder Grafschaften in Bezug auf alle mit der Krisis in Zusammenhang stehenden Verhältnisse genau zu beschreiben. Als Assistant-Commissioners berichteten Mr. A. Wilson Fox über den Garstang District von Lancashire und den Glendale District von Northumberland, sowie über die Grafschaften: Lincoln, Suffolk, Cam-

bridge und Cumberland; Mr. R. Hunter Pringle über die Isle of
Axholm (Lincolnshire), den Ongar, Chelmsford, Maldon und Brain
tree District von Essex, über Süd-Durham und ausgewählte Distrikte
von Nord- und Ost-Ridings of Yorkshire; Dr. W. Fream über den
Andover District von Hampshire und den Maidstone District von Kent;
Mr. R. Henry Rew über den Heathfield District von Sussex, den Salis-
bury Plain District von Wiltshire, die Grafschaft Dorset, den Distrikt
Nord-Devon und die Grafschaft Norfolk; Mr. Aubery Spencer über
den Distrikt von Oxford nach den Cotswold Hills (inkl.) und den
Berkshire Downs bis Bath, sowie über den Distrikt von dem Thale
von Aylesbury durch Tring und Hitsching bis Bishop's Stortford;
Mr. Turner über den Frome District von Somerset und den Stratford-on-
Avon District von Warwickshire; Mr. James Hope über die Grafschaften Perth, Fife, Forfar und Aberdeen in Schottland und über
Roxbury, Berwick, Selkirk, die Lothians, Banff, Nairn und Elgin;
schliefslich Mr. Speir über die Grafschaften Ayr, Wigtown, Dumfries
und Kirkcudbright.

In allen diesen Berichten ist ein grofses und interessantes Material enthalten. Es ist teilweise von König in seinem 1896 erschienenen
Buche über die Lage der englischen Landwirtschaft ausgebeutet worden
und kommt daher für die vorliegende einheitliche und zusammenfassende
Darstellung nur noch insoweit in Betracht, als sich die Kommission
darauf bezieht.

Aufser den Minutes of Evidence und den Reports of the assistant-
commissioners liegen noch 3 Blaubücher der kgl. Untersuchungskommission vor. Das erste derselbe erstattet Bericht über den Fortgang der
Untersuchung. Das zweite, 1896 erschienen, verbreitet sich über die
auf dem landwirtschaftlichen Grund und Boden ruhenden Lasten. Es
liegt ihm in der Haupsache eine Statistik über dieselben zu Grunde,
die aber nicht einwandsfrei erscheint und auch von einzelnen Kommissionsmitgliedern lebhaft angegriffen worden ist. Es ist daher für uns
nur Weniges brauchbar gewesen. Das dritte, der Final-Report, 1897
erschienen, fast den ganzen Stoff der Enquete systematisch zusammen.
Diese Zusammenfassung enthält nicht die Unterschriften zweier Mit-
glieder, Mr. Channing und Lambert. Jeder von ihnen hat in einer dem
Hauptbericht augefügten Sonderabhandlung einen Standpunkt dargelegt, der sich im wesentlichen mit dem der englischen Pächterpartei
deckt. Dem Final-Report ist ein Appendix beigegeben, der neben
anderen Berichte des auswärtigen und Kolonialamts über die Lage der
Landwirtschaft anderer Länder enthält.

Die nachfolgenden Ausführungen haben den Zweck, den deutschen Leser mit den aus der Enquete sich ergebenden Resultaten, wie sie die Kommission vor allem im Final-Report zusammengestellt hat, bekannt zu machen.

Über den Schlufs-Bericht der Kommission sind, soweit ich sehe, drei kürzere Arbeiten erschienen, die eine in Conrads Jahrbüchern für Nationalökonomie 1898 p. 489 von E. Loew, die zweite in Thiels landwirtschaftlichen Jahrbüchern 1898 Heft 3/4 p. 335 von Grabein und die dritte von mir in Fühling's landwirtschaftlicher Zeitung 1898 Heft 15 u. 16.

Herbst 1898

O. St.

Inhalt.

— —

I. Verbreitung und Wirkung der landwirtschaftlichen Krisis.

A. Die geographische Verbreitung der Krisis.

Die englische Agrarkrisis wird eingeleitet durch eine Periode ungünstiger Witterungsverhältnisse. Die Jahre 1875, 76, 77, 79, 80 u. 81 brachten alle Mifsernten. Der nasse Sommer des Jahres 1879 — wohl der schlechteste, dessen man sich erinnert — verdarb die Getreideernte in den Ackerbaugrafschaften und bewirkte, dafs viele Schafe in den Weidedistrikten zu Grunde gingen. So blieb es bis zum Jahre 1882. Das nun folgende Decennium brachte wieder günstige Witterung. Erst 1893 stellte sich eine grofse Dürre ein, die den Farmern Verluste an Getreide und Vieh verursachte. Namentlich die Viehmäster und Schafzüchter wurden hart betroffen. Die infolgedessen herbeigeführte Reduktion des Viehbestandes kommt hauptsächlich in dem folgenden Jahre zum Ausdruck

Mill. Stück

Jahr	Rindvieh	Schafe
1891:	6.853	28,733
1892:	6.945	28,735
1893:	6,705	27,280
1894:	6.347	25.861
1895:	6,354	25,792

Auch bei uns auf dem Kontinent hat die Trockenheit des genannten Jahres ihre ungünstige Wirkung geäufsert. In dem folgenden Jahre gingen in England in den östlichen und südlichen Grafschaften schwere Regengüsse nieder, dann trat wieder grofse Trockenheit ein, die den Weiden aber weniger schadete als den Getreideländereien, weil im Spätsommer sich zeitweise Regen einstellte. Diese'

Stillich, Englische Agrarkrisis.   1 ungünstige Periode von 1893—95 hat ihre Wirkungen weniger im Norden von England und Schottland gezeigt. Im ganzen partizipieren, wie hieraus ersichtlich, metereologische Verhältnisse hauptsächlich nur in Beginn der Krisis, später nur in ganz geringem Mafse an den Ursachen der bedenklichen Notlage, in der sich die englische Landwirtschaft befindet.

Von vornherein ist zu betonen, dafs nach den Berichten der Kommission die ganze englische Landwirtschaft unter der Ende der siebziger Jahre einsetzenden Krisis gelitten hat und noch leidet. Aber ihre Wirkungen sind gradueller Natur, ihre Intensität ist verschieden. Es giebt Distrikte, wo sie am verheerendsten gewirkt und den Ruin zahlloser Farmer herbeigeführt hat. In diese Gruppe gehören die Grafschaften des Ostens, wo der Schwerpunkt der Landwirtschaft im Ackerbau liegt, d. h. in der Produktion von Getreide (arable counties). Weniger scharf haben sich die Folgen der Krisis dokumentiert in einer zweiten Klasse von Distrikten, wo die Weidewirtschaft eine grofse Ausdehnung erlangt hat (grazing counties). Die Farmer der Weideareale Grofsbritanniens haben unter der niedergehenden Konjunktur weniger zu leiden gehabt als die hauptsächlich Getreide produzierenden Landwirte des Ostens. Schliefslich lassen sich in eine dritte Klasse noch alle diejenigen Betriebe einreihen, die eine günstige lokale Position haben und die durch Spezialkulturen (Gemüse, Obst etc.) sich von anderen Wirtschaften unterscheiden. Auf sie hat die Krisis wenig oder gar nicht influiert — aber sie bilden die Ausnahme und sind vereinzelt und zerstreut über das ganze Land.

Im Hinblick auf diese Verschiedenheiten zerfällt das auf ganze seine ökonomische Lage zu untersuchende Gebiet:

1. in Grafschaften, in denen das Ackerland überwiegt,
2. in Grafschaften, in denen das Weideland vorherrscht.

In die erste Gruppe gehören folgende englischen Grafschaften: Bedford, Berk, Buckingham, Cambridge, Essex, Hampshire, Hertford, Huntingdon, Kent, Leicester, Lincoln, London, Middlesex, Norfolk, Northampton, Nottingham, Oxford, Rutland, Suffolk, Surrey, Sussex, Warwick und Yorkshire (Eeast-Riding).

In diesen Grafschaften beträgt die ewige Weide 5 015 000 Acres und das Ackerland 6 924 000 Acres.

Zu der zweiten Gruppe lassen sich folgende Grafschaften Englands rechnen: Chester, Cornwall, Cumberland, Derby, Devon, Dorset, Durham, Gloucester, Hereford, Lancaster, Monmouth, Northumberland, Salop, Somerset, Stafford, Westmoreland, Wiltshire, Worcester, Yorkshire (North-Riding) und Yorkshire (West-Riding).

Hier nimmt die Weidefläche ungefähr ein doppelt so grofses Areal, nämlich 8 230 000 Acres, [1]) als das Ackerland ein, dessen Gröfse sich auf 4 676 000 Acres beläuft.

Die Grafschaften des Fürstentums Wales sind auch hauptsächlich Weideland; seine Ausdehnung beträgt 1 979 000 Acres, während das Ackerland 860 000 Acres einnimmt.

Schottland schliefslich ist vorwiegend Ackerbaugebiet; insgesamt beträgt hier die Ackerfläche 3 507 000 Acres und die Weidefläche 1 387 000 Acres.

Stellen wir in zwei Zahlen das Verhältnis von Weide- zu Ackerland dar, wie es sich für Grofsbritannien im Jahre 1895 repräsentiert, so ergiebt sich, dafs

das Weideland 16 611 000 Acres,
das Ackerland 15 967 000 „

umfafste.

Im folgenden soll nun die ökonomische Situation der wichtigsten Grafschaften jeder Gruppe kurz skizziert werden. Auf diese Weise wird es möglich sein, ein Bild in grofsen Umrissen von der Verbreitung der Krisis zu erhalten.

Wir beginnen mit den Getreidebaugrafschaften.

1. Die Ackerbaugrafschaften.

Unter den englischen Counties ist die Lage der Landwirtschaft in Essex am schwierigsten. Die Krisis begann dort bereits um das Jahr 1875, als der Weizenpreis von 55 auf 45 Shilling pro Quarter fiel. Die Renten gingen zurück; die Zahl der Pachtungen, die aufgegeben wurden, stieg ins Enorme; Pächter und Eigentümer erlitten aufserordentliche Verluste. Armer Boden wurde überhaupt nicht mehr bestellt und überzog sich mit Unkraut; nur die Farmer, die grofse Viehstapel besafsen, standen den schlechten Zeiten mit den niedrigen Getreidepreisen kräftiger gegenüber. Die Pächter waren unfähig, ihre Pachten ganz zu bezahlen, trotzdem Rückstände erlassen und Remissionen gewährt wurden. Mr. Pringle erwähnt, um die Verluste der Eigentümer zu veranschaulichen, 8 Güter, deren Pachtzins um 29—71 % reduziert worden war, d. h. um 52 % im

---

[1]) 1 Acre = 40,4671 Ar.

Durchschnitt von 13 Jahren. Auf den Hospitalgütern in Essex betrugen die Pachterträge in den Jahren 1875—79 Netto 12075 £ (ohne Zehnt) durchschnittlich, in der Periode 1889—94 aber 6224 £. Der Rückgang beträgt, obgleich die bebaute Fläche sich etwas, wenn auch unwesentlich, vergröfsert hatte, demnach 48,4 %. Die Rückstände, die in der ersten Periode nur 34 £ betrugen, waren auf 857 £ gestiegen und die Ermäfsigungen von 100 £ auf 380 £. Allerdings lassen sich solche Fälle nicht als typisch betrachten, aber sie bilden den potenzierten Ausdruck der allgemein mifslichen Lage der Eigentümer.

Kleine Güter konnten bis vor zwei Jahren noch gut verkauft werden; jetzt aber ist ihr Preis auch gefallen.

Allerdings existieren in Essex, wo besondere Verhältnisse vorliegen, auch Ausnahmen. Auf einem Gute von 6000 Acres z. B. wurde im Durchschnitt von sieben Jahren (bis 1893) eine Verzinsung des investierten Kapitals von ca. 6 % erzielt, d. s. 32000 £. Allein dieses Plus wird hauptsächlich auf den guten Absatz der Milch nach London zurückgeführt.

Von Interesse ist auch die Lage der Schotten, die sich in Essex niedergelassen haben; sie wirtschaften bei weitem nicht so intensiv als die dort ansässigen Engländer und stehen sich infolgedessen viel besser als diese.

Allein diese Fälle ändern nichts an der Thatsache, dafs die Grundrente im allgemeinen stark zurückgegangen ist.

In der benachbarten Grafschaft Suffolk ist der Druck, unter dem die Landwirtschaft leidet, annähernd derselbe wie in Essex.

Nach Mr. Looker sind 19880 Acres Ackerland in Weide umgewandelt, die wenig und keinen Wert hat; 15 Farmen sind verlassen. Der Acker verunkrautet, Hedrich und Disteln machen dem Getreide den Platz streitig. Den Farmern fehlt es an Kapital; vielen bleibt nach Bezahlung der Ausgaben und Haushaltungskosten gar nichts übrig. Nur die finanziell gut fundierten Wirtschaften können sich halten. Ein Bankerott war früher etwas vollkommen Unbekanntes, etwas Unerhörtes. Jetzt aber, so berichtet Mr. Everett, ein Kommissionsmitglied, sind die Suffolker Farmer trotz allem Fleifses, aller Sparsamkeit und Sorge unfähig, sich vor einem Zusammenbruch zu retten.

Die Grundherrn erlitten um durchschnittlich 50 % verminderte Pachteinnahmen. Sie mufsten grofse Geldsummen aufwenden, um die ihnen von ihren Pächtern in schlechtem Zustande überlassenen Güter vor der Neuverpachtung zu restaurieren. Damit nur überhaupt jemand pachtete, wurden vielfach Vergünstigungen zugestanden, „die gleich kamen der Bezahlung einer bedeutenden Prämie". Namentlich Güter mit armen Boden wollten die Landlords nicht selbst behalten, weil sie eventuell noch mehr verlieren könnten; deshalb machten sie lieber alle möglichen Konzessionen.

Ein ähnlich düstres Bild bietet die Landwirtschaft der Grafschaft Norfolk. Die Krisis begann Anfang der 80er Jahre sich bedeutend zu verschärfen. Vordem war die allgemeine Lage eine günstige und glückliche. Bis vor 20 oder 30 Jahren, so berichtet Mr. Rew, der assistant commissionar für Norfolk, hat wohl keine Klasse ihr Haupt höher getragen als die Farmerschaft von Norfolk. Als Leute, die finanziell gut situiert waren, die ihr Geschäft mit Nutzen betrieben und einen wohlverdienten Ruf infolge ihrer Tüchtigkeit genossen, führten sie ein angenehmes Leben; ihr Einkommen und Eigentum berechtigte sie dazu. Aber das alles hat sich jetzt sehr geändert. Der typische Norfolker Farmer ist ein hart arbeitender Mann, der sich nur durch grofse Energie und eisernen Fleifs zu behaupten vermag. Er kennt seinen Beruf durch und durch, aber seine materielle Lage ist verzweifelt schlecht. — Viele Träger glänzender Namen erlitten solche Abschwächungen ihres Einkommens, dafs sie ihr Schlofs (Hall) verlassen und irgendwo anders in einfachen Verhältnissen leben mufsten. Andere blieben in ihrer alten Heimat, aber sie waren gezwungen, sich allerhand Beschränkungen aufzuerlegen. „Losing money", „living on capital" sind häufig wiederkehrende Ausdrücke.

„Leute, die Geld haben, verbrauchen es, solche, die keins haben, machen bankerott." erklärte ein Fachmann vor der Kommission. „Dutzende von Farmern können nicht 5 sh. in der Woche für sich erübrigen." sagte ein Andrer. Ein Farmer, der 800 Acres bewirtschaftete, erklärte, er würde besser daran sein, wenn er keine Farm hätte; im Jahre 1894 hätte er 1000 £ verloren.

Der Kapitalwert des Landes ist bedeutend zurückgegangen. In vielen Fällen hat das Land gar nicht mehr den Wert der darauf lastenden Hypothek. Eine bedeutende Fläche würde, wie Herr Rew hervorhebt, sich besser als Jagdgrund eignen.

Die Pachten sind nach den Angaben der Norfolker Landwirtschaftskammer in der Zeit von 1874—94 um 25—35 % auf dem besten Lande, und um 40—60 % auf mittlerem Boden zurückgegangen. Nach den Berichten des assistant commissionar's beträgt die Reduktion für den weitaus gröfsten Teil des Landes durchschnittlich ca. 35—40 "„. Leichte, sowie arme schwere Böden und einige Moorländereien ergaben überhaupt keine Rente.

In diesem dunklen Bilde, wie es der Bericht von der Norfolker Landwirtschaft entwirft, zeigt sich nur in der nordöstlichen Ecke der Grafschaft etwas Licht. wo ein Strich guten Ackerlandes liegt. Dort leidet der Farmer, wenn es ihm gelungen ist, günstig zu pachten, weniger schwer unter dem Hochdruck der Krisis.

In Cambridgeshire begann die Krisis zwischen 1875 und 1879. Nach den Berichten von Mr. Wilson Fox ist namentlich im Norden die Lage eine ungünstige. Die Teile jedoch, wo die Natur des Bodens den Anbau von Sämereien, Blumen und Gemüsen erlaubt, haben viel weniger gelitten als die südlichen und südwestlichen Bezirke. wo die Lage am meisten beklagenswert ist und bedeutende Strecken Landes ganz wertlos sind.

Die unheilvolle Wirkung der Krisis richtet sich zunächst gegen die bäuerlichen Besitzer (yeomen farmers), deren Grundstücke hypothekarisch belastet waren. Sie unterlagen zu allererst in dem Kampfe um ihre Existenz.

Ferner haben eine grofse Zahl Pächter im Süden bankerott gemacht: andere können sich gerade noch halten. indem sie von der Hand in den Mund leben.

Die Zuversicht auf steigende Preise ist ihr einziger Hoffnungsanker. Pachtwechsel haben — abgesehen von wenigen begünstigten Distrikten — überall zahlreich stattgefunden, und viel Kapital ist verloren gegangen. So erzählte ein Farmer von der Isle of Ely, dafs er zwischen 1879 und 1890 13 000 £ eingebüfst habe.

Grofse und mittlere Güter, deren Pächter die nötigen Geldreserven hatten. haben auch hier die Notlage weniger empfunden. In den Moorgebieten von Cambridge trifft man auch kleine Farmer, die gutes Land und leichte Arbeit haben und ihr Auskommen finden durch den Anbau von Gartengewächsen und Obst. Im allgemeinen aber sind die kleinen Landwirte in gedrückter Lage und müssen hart arbeiten, um ihr Leben zu fristen.

Die grofsen Grundherrn sind in der Grafschaft Cambridge spärlich gesäet. Sie tragen nach Mr. Fox den gröfseren Teil der Last und viele Farmer behaupten, dafs sie schlechter daran sind als ihre Pächter. Die Yeomen Farmers würden mit Freuden ihre Lage mit der eines Pächters vertauschen.

Der Pachtzins ist überall zurückgegangen: auf armem Moorland um 50, in einigen Fällen beinahe um 70 $\%$, auf den reichen Marschen zwischen Wisbech und Long Sutton nur um ca. 15 $\%$, auf einigen kleinen Gütern hat er sich nur wenig geändert.

Für sehr schwere und leichte Böden im Süden der Grafschaft ist es unmöglich, Pächter zu finden; ein beträchtlicher Teil des Landes wird vom Eigentümer oder Hypothekengläubiger bewirtschaftet. Extreme Böden sind im Süden überhaupt unverkäuflich.

Die landwirtschaftliche Notlage in Lincolnshire wird in erster Linie zurückgeführt auf die schlechten Jahre 1875—79 und dann auf den Preisfall des Getreides, welcher erst 1882 einsetzte. zu einer Zeit, als grofse Verluste infolge schlechter Ernten und Krankheiten unter den Schafen (Fufsfäule) eintraten.

Die Lage der Farmer ist traurig. Die Quellen sind meistens versiegt. die ehemals reichlich flossen. Häufig fehlt das nötige Geld, um Arbeit, Dünge- und Futtermittel und Vorräte zu bezahlen. Das im Boden investierte Kapital verzinst sich wenig und gar nicht. Die Folgen sind eine Verschlechterung der Lebenshaltung und eine Hinausdrängung der Söhne aus dem Beruf ihrer Väter.

Nur den Farmern im Süden geht es etwas besser. Die Beschaffenheit des Bodens gestattet dort den Anbau von Turnips, Senf, Mangold, Klee etc. und Obst- und Gartenbau bürgert sich mehr und mehr ein. Auch die Farmer, welche Milchwirtschaft. Gemüsebau und Hühnerhaltung treiben, scheinen ganz gut dabei zu bestehen, während alle diejenigen, die keine solchen Spezialzweige kultivieren können, sondern ihr ganzes Kapital im Boden festgelegt haben. sich in sehr kritischer Lage befinden. Verschieden ist auch der Einflufs der Krisis je nach der Gröfse der Güter. Im allgemeinen ist man der Ansicht, dafs grofse Güter am wenigsten gelitten haben, wenn ihre Besitzer kapitalkräftig genug waren. Ferner wird zugegeben, dafs die kleinen Grundeigentümer (freeholders). welche ihr Land vor Beginn der Krisis kauften und es später belasten mufsten, bei weitem schlechter daran sind als die Pächter (tenants), weil sie mehr an Zinsen zahlen müssen, als diese an Pacht (rent). Von den grofsen Grundeigentümern wird hauptsächlich über Rückgang der Einnahme, zunehmende Verschlechterung und Wüsteliegen des Landes, sowie über grofse Kosten für Gebäude und Reparaturen geklagt. In den meisten Fällen müssen sie den Zehnten und die Grundsteuern bezahlen, die früher ihre Pächter trugen.

Der Wert des Bodens ist stark gesunken. Angesehene Auktionäre, Agenten und Taxatoren sagen aus, dafs Land eine schwer verkäufliche

Ware sei. Es sind weitere Fälle bekannt, wo Hypothekengläubiger
über 60 % ihres Geldes verloren. Aus anderen Beispielen geht hervor,
dafs in mehreren Fällen der Verkehrswert (capital value) sogar 80 %
fiel. Solche Verluste kommen in allen Teilen der Grafschaft vor.
Pachtermäfsigungen sind seit 1882 überall je nach der Lage des
Gutes und dem Charakter des Bodens in verschiedenem Mafse eingetreten. Als Beleg für den permanenten Rückgang der Pachtzinse
greifen wir ein Beispiel heraus, das die Pachtreduktion zwischen 1879
und 94 von 15 Gütern, die 287 000 Acres umfassen, illustriert.
Die Pachten gingen zurück

Für	17 000	Acres um		20 %
„	161 000	„	„	27—33 „
„	91 000	„	„	37—40 „
„	15 000	„	„	45 „
„	13 000	„	„	50 „

Abgesehen von 2 Fällen haben, wie aus diesem Beispiel hervorgeht. nicht unbedeutende Erlasse stattgefunden.

Wir haben im Vorhergehenden die Lage der für den Kornbau
typischen Grafschaften Englands beschrieben. In den noch übrig
bleibenden hat die Krisis ähnlich gewirkt und wir können sie daher
kürzer behandeln.

In Bedford, Huntshire und Northantshire giebt es nach Mr. Pringle
vier Arten von Farmern, die keine Not leiden. die dem Sturme erfolgreich die Spitze geboten haben: Erstens solche, die Privatmittel besitzen;
zweitens solche, die noch ein anderes Gewerbe betreiben oder die Landwirtschaft mit Handel und Geschäftsvermittelung kombinieren; drittens
solche, welche Land in der Nähe von Städten besitzen und diesen Vorteil
der Lage durch Verkauf von Milch, Kartoffeln, Gemüse, Heu und
Stroh zu benutzen verstehen und viertens diejenigen. die nicht zu viel
Kapital und Arbeit auf den Kornbau verwendet haben („who have
not put their eggs too much in the wrong basket — corn-growing").
Die Landwirte, die Grasbau, Moorkultur, Gartenbau und Milchwirtschaft treiben, stehen sich am allerbesten.

Alle übrigen aber sind sehr übel daran. Die Grundeigentümer
haben verminderte Pachteinnahmen, vermehrte Rückstände und höhere
Ausgaben für Melioration und Reparaturen zu verzeichnen. Allgemein
gesprochen sind die Pachtzinsen um 23—36 %. auf guten und um
40—50 % auf ärmeren Böden zurückgegangen.

In einigen Teilen von Hampshire ist die Krisis beinahe so intensiv wie in Essex. Viele Güter sind längere Zeit nicht imstande gewesen, die Betriebskosten zu decken. Die Pächter sind nahe am Ruin. Vor allem haben die kornbauenden Distrikte gelitten, aber auch die Schaffarmen sind schwer betroffen. Auch in dieser Grafschaft hat, wie Dr. Fream in seinem Report of Andover hervorhebt, sich die allgemeine Regel bestätigt, dafs der Pachtzins niedriger ist als früher.

In Berk- und Hertfordshire ist die Lage der Landwirtschaft am schlechtesten in den entlegenen Gegenden und da, wo der Boden arm und schwer ist, namentlich auf den kahlen als Schafweide benützten Hügeln. Das reichere Thalland nördlich davon wird namentlich um Wallingford herum mit Erfolg von Farmern bewirtschaftet, welchen der Druck der Krisis weniger geschadet hat. Auch dort, wo ein schlanker Absatz von Heu, Stroh etc. nach London möglich ist, ist die Krisis weniger akut. Die Pachtermäfsigungen werden für Güter mit gutem Boden auf 30 % und für solche mit armem bis zu 50 % angegeben. Pachtwechsel sind zahlreich vorgekommen. Das Land, welches wieder an die Verpächter zurückgefallen ist (land thrown on the hands of owners) soll 20 % der kultivierten Fläche ausmachen.

Ähnlich wie in diesen beiden Grafschaften liegen die Dinge in Oxfordshire: das Ackerland ist schwer zu verpachten, trotzdem der Zins bedeutend gesunken ist.

In der benachbarten Grafschaft Buckingham arbeitet die Landwirtschaft namentlich in den Weidedistrikten unter günstigeren Bedingungen.

Anders ist die Lage in Warwickshire. Hier besteht ein sehr beträchtlicher Teil aus Ackerland. Eine grofse Fläche davon ist bereits in Grasland umgewandelt worden. Nur Farmen mit Weide und gutem Turnipsboden oder Milchwirtschaft in der Nähe der Städte sind besser daran. Die Pachtreduktionen belaufen sich auf 20—30 % im Durchschnitt, auf schweren Böden aber in einigen Fällen auf 50 %. Für gute Farmen besteht immer noch Nachfrage.

Weniger schroff tritt die Krisis in der Grafschaft Leicester auf. Über ihre Wirkungen im einzelnen allerdings gehen die Meinungen auseinander. Im allgemeinen ist obiges Urteil gerechtfertigt. Die Farmen haben meistens gemischtes System und sind kleiner als 200 Acres. Sie treiben Schafzucht, Milch- und Weidewirtschaft. Nach den Wirtschaftserzeugnissen hat sich eine gute lokale Nachfrage entwickelt.

In Nottinghamshire und Yorkshire, Ost-Riding, haben die Farmer in vielen Distrikten sehr gelitten. Nur Güter mit Grasland in den

Thälern und mit Milchviehhaltung sind in befriedigender Position. In den Gegenden mit extremen Bodenarten betragen die Pachterlasse 30—50 $^0/_0$, in anderen Lokalitäten nur 16—20 $^0/_0$.

Ebenfalls ungünstig ist die Lage der Landwirtschaft in Kent. Ein guter Teil des Landes liegt in den Händen der Eigentümer. Ein Zeuge berichtet, dafs er 2000 Acres gutes Weideland (pasture) habe, welches er gern zu 7 sh 6 d per Acre verpachten möchte, während er früher dafür 2 £ bekommen hat. Nach Dr. Fream ist es notwendig, hier einen Unterschied zu machen zwischen denjenigen Wirtschaften, die auf Hopfenbau und denjenigen, die auf Schafhaltung und Getreidebau basiert sind. Auf den letzteren wird die Krisis in ihrer ganzen Schärfe empfunden; die ersteren aber haben in der Obst- und Hopfenkultur einen Anker, der sie vor dem Untergange bewahrt.

In Sussex sind weniger Symptome der Depression zu Tage getreten als in vielen der bisher erwähnten Grafschaften. Allein die Korn- und Schaffarmen haben hier wie anderswo gelitten. Die Pachterlasse sind mitunter bedeutend. Viele Farmer an der Seeküste jedoch können mit Obst und Gemüse gute Geschäfte machen, weil danach viel Begehr ist. Auch Geflügelzucht wird mit Erfolg in einigen Teilen der Grafschaft getrieben, ebenso Milchwirtschaft — obgleich man, wie es scheint, damit nicht dieselben Erfolge hat wie anderswo.

Wir haben im Vorhergehenden die Lage der Landwirtschaft in den Arable counties behandelt und gesehen, dafs sie teilweise die denkbar schwierigste ist. Wir gehen nunmehr zu einer Betrachtung der Grazing Counties über.

2. Die Weidegrafschaften.

Wir beginnen mit den westlich und südlich von Shropshire und Worcester gelegenen Grafschaften und wenden uns zunächst nach Wiltshire. Hier sind die Wirkungen der Krisis vornehmlich in den südlichen Teilen. wo Getreidebau und Schafzucht seit jeher die Hauptzweige der Wirtschaft bilden. verspürt worden: die Einnahmen der Landlords sind zurückgegangen; auch die Pächter haben schwere Verluste erlitten trotz Reduktion des Pachtzinses und grofser Arbeiterentlassungen. In der Salisbury Plain beträgt die Pachtermäfsigung seit 1881 47 $^0/_0$, mitunter noch mehr. Mr. Rew berichtet, dafs Tausende von Acren gerade noch kultiviert werden können, und dafs nur eine kleine Verschärfung des Druckes unvermeidlich zu einer Umwandlung in rohe Schafweide führen würde, wie das bereits bei dem Hügelland der Fall ist.

Aber schwer getroffen sind, wie gesagt, nur die Farmen mit viel Ackerareal und daraus entstandener Weide. Im übrigen giebt es viele Güter in den Thälern und in den Händen von kleinen Pächtern, welche von der Krisis nicht sehr mitgenommen sind. Man treibt — im Nordwesten — hauptsächlich Molkerei- und Milchwirtschaft. Die Güter lassen sich leicht verpachten. Die Pachtermäßigungen betragen 10—30 $^0/_0$ und die Pächter finden dabei ihr gutes Auskommen.

Die Aussagen über Gloucestershire behaupten, daß namentlich in den Cotswold Distrikt große Not herrsche. In dem bergigen Teil der Grafschaft ist viel Land unverpachtet und teilweise außer Kultur. Man hält dort hauptsächlich Schafe, aber auch Kornbau wird in größerem Maßstabe betrieben. In den Thalgegenden jedoch, wo Milchwirtschaft und Weidegang vorwalten, giebt es kein unverpachtetes Land. Auf den Cotswold Hills sind die Pachtzinsen um 30—50 $^0/_0$ gefallen; der Zinsertrag (rental) schwankt zwischen 5 und 15 sh per Acre. In den Thälern von Gloucester beträgt der Erlaß nur 10—30 $^0/_0$, der Ertrag aber 25—45 sh per Acre. In diesen Zahlen reflektiert sich der nicht geringe Wertunterschied zwischen den Hügel- und Thalgütern.

Auch in Dorset haben die Eigentümer armer Kornböden die schwersten Verluste erlitten. Wenig influiert hat die Krisis auf die Farmen, deren Einkommen mehr aus der Milchwirtschaft als aus dem Getreidebau fließt, wie das im Norden und Westen der Grafschaft der Fall ist. Hier sind auch die Pachtzinsen nur um 10—20 $^0/_0$ gefallen. Auf ausgezeichnetem Weideland haben gar keine Erlasse stattgefunden. Auf leichtem armen Boden aber belaufen sie sich in vielen Fällen auf 40—50 $^0/_0$.

In Devonshire, Somerset und Cornwall ist die Lage der Landwirtschaft im ganzen günstiger als in den drei vorher besprochenen Grafschaften, obgleich auch hier die Ackerbau treibenden Distrikte schwer mitgenommen wurden. Abgesehen von den Farmen, die auf Grund ihrer speziellen Lage gut gestellt sind, ist auf den Gütern im Norden von Devonshire vielfach der Pachtwert des Bodens nur um 10—15 $^0/_0$ durchschnittlich gesunken; in manchen Fällen hat jedoch überhaupt keine Reduktion stattgefunden. Das milde Klima begünstigt namentlich den Obstbau. Ähnlich liegen die Verhältnisse von Somerset. Nur wenige Farmen sind unverpachtet; man widmet der Milch- und Weidewirtschaft große Aufmerksamkeit; weite Strecken Ackerland sind in Wiesen verwandelt. Die Pachtreduktionen sind jedoch größer

als in Devonshire. Sie schwanken z. B. auf den Ackerbau treibenden
Farmen des Frome Distrikts zwischen 20 und 30 %. In Cornwall
haben auch nur die Gegenden des Ackerbaues gelitten; im allgemeinen
aber ist auch hier die Lage — wenn man von den Schädigungen
des extrem trockenen Jahres 1893 absieht — befriedigend.

Auch in Salop, Hereford, Monmouth und Worcester hat sich die
Krisis — abgesehen von den Ackerbaudistrikten mit schwerem Boden —
weniger bemerklich gemacht als anderswo. Die Hauptbetriebszweige
sind Milch- und Weidewirtschaft. Aufserdem wird in den beiden
Grafschaften Hereford und Worcester viel Obst und Hopfen gebaut
und der Marktgartenbau mit Erfolg betrieben. Auf gutem Gras-,
Hopfen- und Weideland haben sich die Pachten teilweise auf derselben
Höhe gehalten; nur selten hat eine ev. Ermäfsigung 15 % überschritten.
In den Ackerbaugegenden aber ist der Pachtzins um 20—30 % gesunken, in dem Bridgenorth Distrikt sogar um 40 %.

Wenden wir uns nun der Betrachtung der centralen und nörd-
lichen Grafschaften des Weidelandes von England zu, so kommen
wir zunächst nach Chester- und Derbyshire. In diesen beiden Counties
wird auch hauptsächlich Milchwirtschaft getrieben, sie haben daher
— ausgenommen in den letzten 2 oder 3 Jahren infolge der Trockenheit
von 1893 — nicht sehr gelitten. In Chestershire sind generelle Pachtreduktionen nicht eingetreten, aber doch haben in einigen Fällen
Stundungen des Pachtzinses, in anderen Fällen Erlasse desselben bis
zu 10 % stattgefunden. In Derbyshire schwanken die Pachtermäfsigungen zwischen 10 und 33 %. Farmen können leicht verpachtet
werden. Nach Besitzungen mit gemischtem System herrscht grofse
Nachfrage.

Ähnlich wie in den beiden eben besprochenen Grafschaften ist
die Lage in Staffordshire. Ein Fachmann behauptet, dafs die Reduktion der Pachtabgabe im Durchschnitt nicht mehr als 10 % betrage.

In Cumberland, wie in Westmoreland, ist verhältnismäfsig wenig
von einer Krisis zu merken. Die Pachtpreise sind in beiden Grafschaften um 20—25 % gesunken; wo wie in Westmoreland Farmen
durch Offerte verpachtet werden (let by tender) soll die Reduktion
sogar 30—50 % betragen. Die Hauptwirtschaftszweige sind in Cumberland Weidemast, Vieh- und Pferdezucht, sowie Produktion von Korn
und Heu zum Verkauf und in Westmorland Milchwirtschaft und
Viehzucht in den niedriger gelegenen Teilen (in the lover lands) und
Schafzucht auf den Höhen.

Auch in Lancashire ist die Lage der Landwirtschaft eine bessere,

als in vielen anderen Teilen Englands, obgleich auch in den letzten
Jahren nicht alle Farmer zufrieden sind. Viele jedoch ziehen Nutzen
aus der Nähe grofser Städte und Bergwerkscentren. Die Pachterlasse
betragen nur 5—10 $^0/_0$; die Zinsen werden gut bezahlt und es finden
sich stets Pächter, wenn ein Gut frei ist.

Die Lage der Grafschaften in der nordöstlichen Ecke: Northumberland, Durham, York, North- und West-Riding ähnelt der von Cumberland und Westmoreland. Die Ackerbau- und Schaffarmer haben
namentlich in York North Riding, wo die Landwirte sehr wenig zufrieden sind, schwere Verluste erlitten. Allein die Viehmäster und
Pferdezüchter stehen sich sehr gut und für die Milchwirtschaft treibenden Farmer existiert die Krisis überhaupt nicht, oder sie hat einen
ganz milden Charakter. Die Pachtzinsen sind seit 1879 auf den
Ackerbaufarmen um 20—30 $^0/_0$ zurückgegangen, auf den Grasfarmen
ist der Rückgang geringer. Die Ausgaben der Grundherrn für Meliorationen sind namentlich in der letzten Zeit gewachsen.

Ähnlich wie in den Weideländereien Englands ist die natürliche
und ökonomische Lage im Fürstentum W a l e s. Es ist gröfstenteil
pastural country: über $^2/_3$ des Kulturlandes sind ewige Weide, dazu
kommt noch die Hügelweide und das Bergland. Die Krisis hat einen
relativ milden Charakter. Ausgenommen von dieser Behauptung sind
auch hier die im Norden gelegenen Ackerbaudistrikte, namentlich
Denbigh und Flint. In diesen Gegenden betrug der Pachtnachlass
auf grofsen Farmen 20—30 $^0/_0$. Im übrigen aber macht das Verpachten keine Schwierigkeiten. Die Viehzüchter haben durch den
Rückgang der Viehpreise von 1886—93 schwere Verluste gehabt,
desgl. durch die Dürre des letztgenannten Jahres. Seitdem ist wieder
eine Erholung eingetreten und die Aussichten in den Weidedistrikten
sind besser als früher.

Man kann, wenn man von den vornehmlich Ackerbau treibenden Gegenden absieht, die Lage der Landwirtschaft in Wales nicht als ungünstig
bezeichnen. Die Pachtermäfsigungen haben vielfach 10—15$^0/_0$ nicht überschritten, häufiger sind Stundungen vorgekommen. Die Nachfrage nach
Gütern, namentlich nach kleinen, ist grofs. Die Ursache dafür, dafs
Eigentümer und Besitzer in Wales augenscheinlich weniger von der Krisis
heimgesucht sind, als in vielen Teilen Englands, liegt in natürlichen
und ökonomischen Vorteilen des Landes: Boden und Klima begünstigen
Vieh- und Schafzucht, sowie Milchwirtschaft und im Süden den
Marktgartenbau: die Nähe grofser Städte, Badeorte, Bergwerks- und

Handelscentren mit grofser Nachfrage nach Agrarprodukten bietet vorteilhafte Absatzgelegenheiten.

Schliefslich ist es angezeigt, noch einen Blick auf Schottland zu werfen. Da die landwirtschaftliche Position eine ganz ähnliche ist wie in England, so erscheint es zu weitschweifig, die einzelnen Grafschaften besonders zu behandeln. Es mag daher ein allgemeiner Überblick genügen.

Auch in Schottland unterscheiden sich die Grafschaften des Ostens von denen des Westens. Die ersteren treiben hauptsächlich Ackerbau und ihre Lage ist dementsprechend am ungünstigsten; die letzteren befassen sich mit Weidewirtschaft und haben verhältnismäfsig wenig unter dem Druck der Krisis zu leiden. Die Pachterlasse sind sehr schwankend; sie sind in den östlichen Distrikten gröfser als in den westlichen; mitunter sind in den letzten Jahren die Pachten fester geworden und die Nachfrage nach Gütern hat sich vergröfsert.

Der Zweck der bisherigen ins Detail vertieften Darstellung war, ein Bild über die Lage der englischen Landwirtschaft in den einzelnen Grafschaften zu geben. Die zahlreichen Aussagen und speziellen Untersuchungen, ergeben als erstes Resultat, dafs die Agrarkrisis in ihrer Verbreitung und Wirkung die einzelnen Teile Grofsbritanniens sehr ungleich mitgenommen hat, dafs die ökonomische Situation der Landwirte grofse Differenzen aufweist. Zweitens aber kann kein Zweifel darüber bestehen, dafs die Eigentümer und Besitzer, auf deren Lage im Folgenden noch näher eingegangen werden soll, in denjenigen Grafschaften am schwersten unter dem Druck der Krisis leiden und gelitten haben, wo der Schwerpunkt des Betriebes im Acker- und Kornbau liegt, und das ist gröfstenteils im Osten und partiell auch im Südosten von England und Schottland der Fall. Dort, wo einst die Landwirtschaft einem Paradiese glich, dehnen sich jetzt grofse Flächen aus, auf denen der Pflug ruht, weil sie eine Bestellung nicht mehr lohnen. Am undankbarsten erweisen sich die extremen Bodenarten, d. h. die leichten Sand- und die schweren Thonböden. Man kann sagen: Je schwerer oder je leichter im allgemeinen der Boden und je gröfser der Anteil an Ackerland auf einem Gute, desto energischer die Krisis. Aber

überall da, wo das Ackerareal nur kleine Dimensionen
hat, wo Milch- und Mastwirtschaft auf fruchtbaren
Weiden betrieben wird, wo die Verhältnisse Geflügelzucht, Obst- und Gartenbau gestatten, wo sich infolge
der Nachbarschaft grofser Industriestädte, Bergwerke,
Steinbrüche etc. eine bedeutende Nachfrage und ein
reger Absatz von Wirtschaftsprodukten entwickelt, da
haben die kritischen Zeiten ihre Spuren der Landwirtschaft nicht so einzugraben vermocht als überall dort,
wo diese natürlichen und ökonomischen Voraussetz-
ungen gröfserer Prosperität fehlen oder in geringem
Mafse vorhanden sind.

Da die Weidewirtschaften von der Krisis weniger
zu leiden gehabt haben als die auf Ackerbau fundierten
Betriebe, so haben die letzteren immer mehr abgenommen und die ersteren immer gröfsere Ausdehnung
erreicht. Dieser Verschiebungsprozefs der Bilanz
zwischen Acker- und Weideland, der den auffallendsten
Zug in der neueren Geschichte der britischen Landwirtschaft bildet, hat sich in den zwei Dekaden der
Krisis wie folgt abgespielt:

Jahr	Ackerland Acres	Weideland Acres	Summa Acres
1875	18 104 000	13 312 000	31 416 000
1880	17 675 000	14 427 000	32 102 000
1885	17 202 000	15 342 000	32 544 000
1890	16 751 000	16 017 000	32 768 000
1895	15 967 000	16 611 000	32 578 000

Wie aus diesen agrarstatistischen Zahlen hervorgeht, hat in den zwei Jahrzehnten von 1875—95 das
Ackerland eine Verminderung von 2 137 000 Acres, das
Weideland eine Vermehrung von 3 299 000 Acres erfahren. Das ist die grofse Änderung, die infolge der
Krisis in dem Relief der britischen Landwirtschaft seit
den 70er Jahren vor sich gegangen ist.

B. Die Wirkung der Krisis auf die einzeln agrarische Klassen.

In zweiter Linie kommt es darauf an, das Mafs des Ein-
flusses festzustellen, dafs die Krisis auf die verschiedenen

**Kategorieen und Klassen der landwirtschaftlichen Be-
völkerung ausgeübt hat.** Es kommen hier in Betracht

1. die Grundeigentümer oder Grundherrn (owners of land);
2. die Besitzer (occupiers of land), nämlich die Pächter (tenant farmers);
3. die Bauern oder selbstwirtschaftenden Eigentümer (occupying owners);
4. die grofsen und kleinen Farmer;
5. die landwirtschaftlichen Arbeiter.

1. Die Grundherrn.

Die Wirkung der Krisis auf die Grundherrn, denen bekanntlich
fast aller landwirtschaftliche Grund und Boden Englands gehört,
kommt am evidentesten zum Ausdruck in dem Rückgang des Pacht-
werts ihrer Güter.

Wir haben diese universelle Erscheinung im Vorhergehenden
bereits im einzelnen verfolgt und gesehen, dafs die am härtesten betroffenen Teile die gröfsten Pachtreduktionen aufweisen — 50 % und
mehr — ja dafs auf armen Boden im Osten und Süden vielfach gar
keine Pachten gezahlt wurden, so dafs die Eigentümer ihr Land selber
bewirtschaften mufsten. Dazu kommen noch die Ausgaben für Drainage,
Reparaturen, Gebäude etc., in letzter Zeit auch für die Zehnten, die
von dem Grundherrn gezahlt werden. Auf der anderen Seite aber
sinken die Pachterlasse dort, wo der Charakter der Krisis ein milderer
ist, auf 15 % und weniger herab. Ja im Fürstentum Wales sind
vielfach Erlasse überhaupt nicht vorgekommen. Zwischen diesen
beiden Extremen existieren zahlreiche Schwankungen. So bilden
die Pachtreduktionen gleichsam einen Gradmesser für
die Intensität der Krisis.

Wie hoch stellen sich nun die Verluste, die die Klasse der englischen Grundeigentümer durch den Rückgang in dem jährlichen Wert
ihrer Güter erlitten hat?

Um einen Vergleich der jährlichen Roherträge (gross annual values)
zu Beginn der Krisis mit denen der Gegenwart anstellen zu können,
rekurrieren wir auf die in den Einschätzungen zur Einkommensteuer unter (Schedule) A [1]) gemachten Angaben. [2]) Nach diesen

---

[1]) Die englische Einkommensteuer wird in 5 Schedules eingeteilt: Schedule A
belegt mit Steuer die Eigentümer von Land und Häusern im vereinigtem
Königreich; — Schedule B die Besitzer des Landes - Schedule C die
Bezieher von Annuitäten, Dividenden und Zinsen etc. — Schedule D die jähr-

stellen sich die Veränderungen in dem jährlichen Rohertrage des landwirtschaftlich benutzten Grund und Bodens inkl. Zehnten folgendermafsen dar:

	Jährlicher Rohertrag		Abnahme	
.	1879 80	1893 94	absolut	relativ
	£	£	£	%
England	48 533 340	36 999 846	11 533 494	23,7
Wales	3 265 610	3 065 985	199 625	6,1
Schottland	7 769 303	6 251 898	1 517 405	19,5
Grofsbritannien	59 568 253	46 317 729	13 250 524	22,2

Diese Zahlen reden eine deutliche Sprache. Allein sie sind nur
mit einem gewissen Vorbehalt aufzufassen. Die englischen Einkommensteuerlisten schliefsen nämlich in den Begriff „lands" nicht nur den
rein landwirtschaftlich benutzten Grund und Boden ein, sondern z. B.
auch die Flächen, auf denen Häuser und Gebäude errichtet sind,
ferner Haus- und Ziergärten etc., deren Wert meistens gestiegen oder
doch zum mindesten stabil geblieben ist. Erst die Agricultural Rates
Act von 1896 hat eine Trennung vorgenommen. Danach stellte sich der
steuerpflichtige Ertrag der rein landwirtschaftlich benutzten Ländereien
in England und Wales am 22. Juli 96 nur auf 24 563 000 £, während
die oben reproduzierten Zahlen der Einkommensteuerliste für 1893'4
den jährlichen Bruttoertrag der „lands" auf über 40 Millionen £
angeben. Der steuerpflichtige Ertrag des rein landwirtschaftlich benutzten Landes beträgt daher nach den genauen Ermittelungen von
1896 nur 61 % des jährlichen Bruttoertrages der „lands" im Sinne der
Einkommensteuerliste von 1893. Der letztere hat sich, das geht aus
den angeführten Zahlen hervor, in der Krisenperiode nicht unerheblich
vermindert.

Aber auch der Verkehrswert ist stark gesunken. Der Grund
hierfür liegt nicht allein in dem Rückgange des jährlichen Ertrages,
sondern auch darin, dafs das Vertrauen des Publikums in Bezug auf
die Sicherheit der Geldanlage in der Landwirtschaft nicht mehr so
grofs ist wie früher. Aus den vergleichenden Berechnungen der

lichen Einkünfte von Personen irgend welcher Beschäftigung. · Schedule E
das Einkommen, welches aus öffentlichen Ämtern oder Beschäftigungen. aus Sti-
pendien. etc. fliefst.

²) Siehe den 38 Report of Commissioners of Inland Revenue.

Kommission ergiebt sich, dafs der Kapitalwert des landwirtschaftlichen Grund und Bodens für Grofsbritannien allein von 1875 bis 1894 um über 8 3 4 M i l l i o n e n £ abgenommen hat, d. h. um 50 %; für das vereinigte Königreich beträgt dieser enorme Verlust sogar eine Milliarde £.

Es wird vielfach behauptet, dafs der in den letzten 20 Jahren eingetretene Fall in dem jährlichen Ertrags- und Verkehrswert des Bodens für den Eigentümer nur einen Teil des unverdienten Wertzuwachses (unearned increment) wieder abschneide, der ihm infolge der grofsen progressiven Wertsteigerung in den früheren Jahrzehnten in den Schofs gefallen sei.

Um diese Behauptung zu prüfen, verweist die Kommission auf die diesbezüglichen Daten der Incometax assessements. Ein genauer Vergleich wird sich allerdings nicht anstellen lassen, denn in den letzten 50—60 Jahren ist viel landwirtschaftlicher Grund und Boden durch das Wachstum der Städte, die Ausdehnung der Eisenbahnen, Bergwerke etc. absorbiert, andrerseits aber auch wieder viel Areal durch die Kultur neu gewonnen worden. Wir haben schon erwähnt, dafs Schedule A und B auch Villenland etc. mitzählen. Aber trotzdem bieten die Einschätzungen zur Einkommensteuer doch einen Anhalt. Nach Sir R. Giffen betrugen dieselben insgesamt unter Schedule B für 1842/3 42 127 000 £ und für 1888/9 42 342 000 £, d. h. vor 50 Jahren waren die Zahlen nicht wesentlich niedriger als heute, trotzdem in der Zwischenzeit viele Verbesserungen des Bodens stattgefunden haben. Nach der Meinung hervorragender Fachgenossen ist sogar der gegenwärtige Rentenwert (rental value) landwirtschaftlicher Ländereien schätzungsweise geringer als vor 50 Jahren und das trifft, wie wir noch zeigen werden, für England und Wales zu. Ganz deutlich kommt eine Abnahme in der Krisenperiode zum Ausdruck. Die Bruttoeinschätzung der „Lands" unter Schedule B belief sich — exkl. Pflanz- und Marktgärten — für Grofsbritannien:

1872—73 auf 56 187 233 £ = 100
1879—80 „ 59 171 847 „ = 105,3
1888—89 „ 48 578 902 „ = 86,5
1893—94 „ 45 917 283 „ = 81,7

Diese Zahlen zeigen eine Abnahme seit 1872/3 von 18,3 %; die höchsten Ziffern wies die Einschätzung von 1879/80 auf. Geht man von diesem Zeitpunkt aus, so betrug die Abnahme sogar 22,4 %.

Schliefslich wollen wir im folgenden noch den jährlichen Ertragswert des Landes[1]) (inkl. Zehnten), welcher zur Einkommensteuer unter Abteilung A eingeschätzt wurde, in 6 verschiedenen Perioden nach den Angaben Mr. Robinsons anzuführen:

Jahr	England Betrag in £	Zu- oder Ab- nahme	Wales Betrag in £	Zu- oder Ab- nahme	Schottland Betrag in £	Zu- oder Ab- nahme	Grofsbritannien Betrag in £	Zu- oder Ab- nahme
1842/3	37 795 904	—	2 371 184	—	5 586 528	—	45 753 616	—
1852/3	38 587 301	2,1	2 496 070	5	5 499 404	— 1,6	46 582 775	1,9
1862/3	41 962 568	11,0	2 648 713	11,7	6 715 341	20,2	51 326 622	12,2
1872/3	46 137 471	22,1	2 871 986	21,1	7 363 235	31,8	56 372 692	23,2
1882/3	45 151 433	19,5	3 251 482	37,1	7 573 251	35,6	55 976 166	22,3
1893/4	36 996 068	— 2,1	3 065 985	29,3	6 251 898	11,9	46 313 951	1,2

Nach dieser Tabelle erreichte die Einschätzung und damit der Wert des Grund und Bodens in England 1872/3, in Wales und Schottland 1882/3 sein Maximum. Um die Bruttoeinschätzung der „Lands" von 1842/3 mit der von 1893/4 vergleichen zu können, müssen wir zu der ersteren noch 1 964 000 £ unabgelöster Zehnten addieren, welche bei der Besteuerung des Landes und des Zehnten nicht mitbegriffen waren. Dann ergiebt sich als Resultat für England und Wales eine Abnahme des eingeschätzten Ertragswertes um 1 800 000 £ oder 4 3/4 %.

Es zeigt sich also, dafs nicht nur die seit den 40 er Jahren eingetretene Wertvermehrung des landwirtschaftlichen Grund und Bodens seit Beginn der Krisis einer rückgängigen Bewegung Platz gemacht hat, sondern dafs diese sogar, wie wir eben für England und Wales gesehen haben, unter das Niveau des eingeschätzten Wertes der 40 er Jahre herabgesunken ist.

Dem entspricht auch ein Vergleich der Pachterträge zwischen früher und jetzt. Mr. Fox giebt in seinen Berichten über Lincoln und Suffolk eine Summe von Einzelbelegen. In der letzt erwähnten Grafschaft z. B. wurde ein Gut im Jahre 1814 zu 23 sh 9 d per Acre verpachtet — der Zehnte, in natural erhoben, fiel auf den Pächter — gegenwärtig beträgt der Pachtzins nur noch 12 sh 7 d per acre und von dieser Summe wird noch der Zehnte (dessen Betrag nicht fest-

---

[1]) d. h. Land ohne Häuser, Bergwerken, Eisenbahnen etc.

steht) bezahlt. Die Divergenz in den Pachtroherträgen zwischen einst und heute ist naturgemäfs von Fall zu Fall sehr verschieden — jedenfalls aber sind diese heute nicht höher als vor 50 Jahren.

Bei der Verminderung des Einkommens der Eigentümer mufs man einen Unterschied statuieren in dem Mafs der Abnahme des Roheinkommens im Vergleich zu dem Mafs der Abnahme des Reineinkommens. Dafs das letztere viel stärker gefallen ist als das erstere, ergiebt sich bereits aus einer Reihe von Erscheinungen, die im Gefolge der Krisis aufgetreten sind. In vielen Fällen, wo sich die Pachtzinsen kaum angepafst hatten, sind weitere Reduktionen eingetreten. Die Rückstände haben sich angesammelt und sind vielfach abgeschrieben worden. Die Grundherrn haben für Futter- und Düngemittel gesorgt. Es ist auch vorgekommen, dafs sie ihre Farmen in verwahrlostem Zustande zurückerhielten und nun keine Pächter finden konnten. Die Zehnten, Steuern und Reparaturkosten, die die Grundherrn zahlen, sind lange nicht in dem Mafse geringer geworden, wie die Pachteinnahme. Die Pächter stellen heute höhere Anforderungen in Bezug auf Gebäude, Drainage und andere Meliorationen. Es ist daher nicht zu verwundern, wenn das Reineinkommen der Grundherrn in stärkerem Mafse gefallen ist als das in Gestalt des Pachtzinses bezogene Roheinkommen.

Ein grofser Teil des Pachtzinses, den die Grundeigentümer heute einnehmen, ist weiter nichts als ein Ersatz für das Kapital, das sie auf die Instanderhaltung und Ausrüstung des Gutes verwenden. Es kann kein Zweifel sein, dafs für einen grofsen Teil Englands eine wahre Rente (true rent) überhaupt verschwunden ist. Die notwendigen Ausgaben haben die verminderten Einnahmen vielfach vollständig erdrückt. Wir geben auf Seite 21 eine Tabelle wieder, die die Brutto- und Nettoeinnahmen und die Kapitalausgaben für permanente Meliorationen für das Jahr 1892 und für 7 Jahre (1886—92) auf 34 Gütern darstellt.

Diese Tabelle zeigt, dafs im Durschnitt auf 19 englischen Gütern, über die berichtet wird, das Nettoeinkommen der Eigentümer im Jahre 1892 nur 51 $^0/_0$ des empfangenen Pachtzinses repräsentierte, in Schottland 69 %. Die Kapitalausgabe (die wohlgemerkt nicht mit eingeschlossen ist in jenen Ausgaben, die den Pachtzins auf das Reineinkommen reduzierten) beläuft sich auf 18.2 $^0/_0$ in England und 13,6 $^0/_0$ in Schottland des eingenommenen Pachtzinses; aber mit dem Reineinkommen verglichen beträgt sie 35,7 $^0/_0$ in England und 19,9 % in Schottland. Betrachten wir auch die 7 jährigen Durchschnittszahlen

	1892		1886—92			
	England und Wales	Schottland	England und Wales		Schottland	
	Betrag in £	%	Betrag in £	%	Betrag in £	Durchschnitt für 7 Jahre %	Betrag in £	% Durchschnitt

	Betrag in £	%	Betrag in £	%	Betrag in £	Durch-schnitt für 7 Jahre %	Betrag in £	% Durchschnitt
Wirkl. empfangene Rente (Pachtzins) ohne Abzug der Einkommensteuer (income tax)	348 424	—	274 738	—	2 516 820	—	1 961 515	—
Reineinkommen aus dem Eigentum nach Bezahlung der Ausgaben	177 652	—	189 190	—	1 311 423		1 381 496	—
Verhältnis des Nettoeinkommens zum erhaltenen Pachtzins	—	51,0	--	69,0	--	60,8	—	70,4
Kapitalausgabe für permanente Verbesserungen	63 451	—	37 703	—	392 871	—	251 858	—
Verhältnisse der Ausgaben für Meliorationen zu								
a) dem erhaltenen Pachtzins	—	18,2	—	13,6	—	15,6	--	12,8
b) dem Nettoeinkommen	—	35,7	—	19,9	—	30,0	—	18,2

der Tabelle, so zeigt sich, dafs die Ausgaben von 92 ca. 10 % über dem 7 jährigen Durchschnitt liegen und da der Pachtzins gesunken ist, so stellt sich im Verhältnis zu dem erhaltenen Einkommen die Ausgabe bedeutend höher. Legen wir den 7 jährigen Durchschnitt zu Grunde, dann ergiebt sich, dafs für je 100 £, die der Eigentümer in England und Wales während der 7 Jahre 1886—92 erhält, 39 £ 4 sh durch die ordentlichen Ausgaben absorbiert werden und wenn man noch die Summe von 15 £ 12 sh für Meliorationen hinzurechnet, dann verbleiben dem Eigentümer 45 £ 4 sh von 100 £. In Schottland wurden 29 £ 12 sh für die ordentlichen Ausgaben und 12 £ 6 sh für Meliorationen verwandt; dem Eigentümer blieben noch 57 £ 12 sh.

Es mufs noch bemerkt werden, dafs diese Berichte meistens von Eigentümern grofser gut verwalteter Güter aus verschiedenen Teilen des Landes stammen. Wir wollen aufserdem noch aus dem Bericht von Mr. Fox anführen, dafs das Bruttoeinkommen eines Gutes in Lincolnshire von 1878—94 um 45,7 %, das Reineinkommen aber um 59 % abnahm. Die Ausgaben beliefen sich in der ersten Periode auf 29 % und in der letzten auf 46,5 % der Bruttoeinnahmen, waren also bedeutend gestiegen.

Sehr instruktiv ist auch eine Berechnung, die Mr. Rew in seinem Report of Norfolk in Bezug auf Einnahmen und Ausgaben eines Gutes in 3 verschiedenen Perioden giebt:

	1875	1885	1894
Bruttopachteinnahme	4 139 £	2 725 £	1 796 £
Kosten (Ausgaben)	1 122 „	1 166 „	1 216 „
% Rate des durch die Kosten verschluckten Pachtzinses	27,1 „	42.8 „	67.7 „
Nettoeinnahme	3 017 „	1 559 „	580 „

Zwischen der ersten und letzten Periode sind die Pachteinnahmen um nahezu 57 % gefallen, die Ausgaben aber sind um über 8 % gestiegen und die Nettoerträge sind von 3017 £ auf 580 £ oder um mehr als 80 % gesunken.

So liefsen sich noch viele Beispiele anführen, welche zeigen, dafs das Reineinkommen der Landlords viel stärkere Abschwächungen erlitten hat als das Roheinkommen.

Zwar wären eine Reihe von Ausgaben, namentlich die Zehnten und Grundsteuern, fähig, sich dem stärker gesunkenen Nettoertrage des Landes proportional anzupassen — aber sie haben das nicht gethan.

Wie sehr aber auch der Pachtzins gefallen sein mag, die von den Grundeigentümern getragenen Lasten für Drainage, Reparaturen etc. sind nicht gesunken, im Gegenteil, sie haben sich häufig vergröfsert. Aufserdem aber giebt es noch eine Masse von Ausgaben, die schwer auf den Farmer drücken, und die sich nicht proportional dem Fall der Pachteinnahmen reduzieren lassen. Ich erinnere nur an die Ausgabe für die Familie, für Hypotheken etc.

Trotz der zahlreichen Aussagen, die die Kommission über den Druck der Krisis auf alle Grössenklassen des Grundeigentums empfangen hat, mag sie kein Urteil darüber abgeben, ob grofse oder kleine Grundbesitzer, die ihr Land verpachtet haben, mehr leiden. Es ist aber klar, dafs die relative pekuniäre Position eines Eigentümers von dem Mafse abhängen wird, in welchem ihm noch andere finanzielle Hilfsquellen als die Landwirtschaft zur Verfügung stehen, aus denen er hauptsächlich die notwendigen Meliorationen bestreiten kann, dann aber auch von der Existenz oder Abwesenheit von Lasten, sei es in der Form von Hypotheken oder Familienlasten, auf seinem Gute.

Überblicken wir kurz die bisherigen Ergebnisse dieses Abschnittes, so erkennen wir, dafs die Kommission die Lage der englischen Grundherrn, die sie im Vergleich zu der noch zu besprechenden Kategorie der Pächter am ausführlichsten behandelt, für die denkbar ungünstigste ansieht. Die Krisis lastet auf ihren Schultern mehr, denn auf denen einer anderen Klasse. Sie haben fast überall grofse Pachtreduktionen eintreten lassen müssen und die dadurch verminderten Erträge von ihren Gütern sind weiter zusammengeschmolzen durch gesteigerte Ausgaben für Meliorationen etc. Welche Höhe die Verluste erreicht haben, die infolge der rückgängigen Konjunktur durch das Sinken des Bodenwertes eingetreten sind, konnte nur annähernd bestimmt werden aus den englischen Einkommensteuerlisten. die die Abnahme des steuerpflichtigen Ertrages des landwirtschaftlich benutzten Grund und Bodens im weitesten Sinne (der „lands“) ergeben. Die für Grofsbritannien bis zu Beginn der 70er Jahre aufsteigende Welle des eingeschätzten Bodenertrages fällt von da an bis zur Gegenwart wieder rapide ab, um für England und Wales unter das in den 40er Jahren erreichte Niveau herabzusinken. Ferner haben die Eigentümer durch die enorme Verminderung des Kapitalwertes für Grund und Boden in der Landwirtschaft. die für Grofsbritannien von 1875 bis 1894 auf über 834 Millionen £ berechnet wird, eine kolossale Einbufse erlitten. Die Krisis hat den Wert des Eigentums in der Landwirtschaft bedeutend geschwächt. Man wird aber das Mafs der für die englischen Grundherrn so empfindlichen Reduktion ihrer Einnahmen nur dann richtig taxieren. wenn man, wie zuletzt nachgewiesen wurde, beachtet. dafs die Abwärts

bewegung des Reineinkommens eine stärkere ist als die
des Roheinkommens, m. a. W., dafs die Abnahme des
ersteren prozentual die des letzteren übertrifft.

Zu diesem Resultat der Enquete möchten wir noch folgendes
bemerken:

Wenn man die gegenwärtige Lage der englischen Grofsgrund-
eigentümer nicht einseitig beurteilen will, so mufs man vor allem auf
eine historische Thatsache Rücksicht nehmen, die die Krisis für diese
Klasse weniger ruinös erscheinen läfst. Der englische Grundadel hat
sich infolge einer Jahrhunderte langen Prosperität der Landwirtschaft
nach und nach mit Reichtümern gesättigt. Noch heute steht er mit
der Haute finance in einem innigen Liebesverhältnis und ist mit den
Welthandelsinteressen Grofsbritanniens aufs eugste verkettet. Er hat
in der Wertsteigerung der städtischen Grundstücke und Bauplätze, deren
Wert mit den dazu gehörigen Häusern in England nach Peez ca. ³⁄₄
des gesamten Wertes von Grund und Boden ausmacht, zum Teil
eine Entschädigung gefunden. Seine Söhne, die meistens in das
Bürgertum übergingen, sind vielfach an Industrie, Handel, Finanz
und Kolonialbesitz beteiligt.

Aus allen diesen Gründen fallen die Wertrückgänge, von denen
wir vorhin gesprochen haben, nicht so in die Wagschale als es nach
der Ansicht der Kommission den Anschein haben könnte.

2. Die Pächter.

Ehe wir zu den kleinen selbstwirtschaftenden Eigentümern über-
gehen, wollen wir erst die Feststellungen der Enquete in Bezug auf die
Lage der Pächter charakterisieren, die ja bekanntlich numerisch
stärker vertreten sind als irgend eine andere Klasse von Landwirten.

Die einzelnen Berichte bringen aus allen Teilen Grofsbritanniens
zahlreiche Klagen der Pächter über grofse Verluste, namentlich über die
Schwächung der Einnahmen infolge anhaltenden Sinkens der Preise.
Den meisten Pächtern ist es aufserordentlich schwer gefallen, ihre
Ausgaben in Einklang zu setzen mit den reduzierten Einnahmen und
sie sind es, die die schweren Zeiten und den gröfseren Teil des Verlustes für eine Zeit wenigstens wohl am meisten empfunden haben.
Allerdings haben die Grundherrn ganz allgemeine Pachterlasse kon-
cediert, aber trotzdem sind die Pachtraten, da die Produktenpreise
immer tiefer und tiefer fielen, in einer grofsen Zahl von Fällen

noch zu hoch und müssen vielfach mehr oder weniger vom Kapital gezahlt werden.

In den östlichen und südlichen Grafschaften ist die Situation der Pächter zweifelsohne am kritischsten. Namentlich in Essex, Suffolk, Norfolk, Cambridge, Lincoln, Wilt und Hampshire haben viele trotz wesentlicher Reduktion des Zinses ihre Pachten ganz aufgegeben, weil sie sich bei den niedrigen Preisen nicht zu halten vermochten; andere verblieben in einer finanziell prekären Lage.

In Schottland ist es das gemischte System, das viele in den Stand gesetzt hat, ihren Pachtbesitz trotz des Preisrückganges weiter zu bewirtschaften. Im übrigen aber haben auch hier die Pächter mit grofsen Kapitaleinbufsen und vermindertem Nutzen zu rechnen.

Die Pächter in den Weidedistrikten haben namentlich durch die Entwertung der Viehbestände und durch den Rückgang der Wollpreise Schaden gehabt. Die Dürre des Jahres 1893 hat sie ganz besonders betroffen. Seit 1894,5 jedoch haben sich die Chancen nicht unerheblich verbessert. Dies kommt zum Ausdruck in der grofsen Nachfrage nach Farmen in den Weidedistrikten in Südwestschottland und in Wales. Namentlich die Pächter von Milch- und Obstwirtschaften und Gemüsekulturen in der Nähe guter Absatzplätze sind durch die Pachterlasse meistens in den Stand gesetzt, ohne Verlust zu wirtschaften.

Diese zuletzt erwähnten Aussagen aber ändern nicht viel an der Thatsache, dafs die gesamte Pächterschaft im allgemeinen mit nur wenigen Ausnahmen von der Krisis betroffen und teilweise derartig mitgenommen ist, dafs der Ruin bereits eingetreten ist oder nahe bevorsteht. Daraus erklärt sich auch der vorherrschende Mangel an Betriebskapital und die schwere Verschuldung gegenüber den Grundherrn, den Dünger- und Samenhändlern etc.

Um das Verhältnis von Nutzen resp. Verlust zum Pachtzins festzustellen, sind in Apendix III eine grofse Anzahl einzelner Wirtschaftsrechnungen nach bestimmten Regeln zusammengestellt und verarbeitet. Eine besondere Tabelle (A) enthält die Konti für die Einnahmen und Ausgaben im Detail und ermöglicht einen wenn auch immerhin rohen Vergleich des Nutzens oder Verlustes mit dem Pachtzins. Wir geben im folgenden das Verhältnis beider für jedes einzelne Jahr und für 5 Perioden von je 4 Jahren wieder.

	1875—78			1879—82			1883—86	
	Profit	Verlust		Profit	Verlust		Profit	Verlust
1875	47.5	—	1879	8.5	—	1883	56.5	—
1876	76,4	—	1880	—	18.1	1884	11,8	—
1877	71,3	—	1881	—	0,6	1885	—	0,2
1878	2,8	—	1828	58,2	—	1886	14,2	—
	198,0	—		66.7	—18.7		+82,5	—0,2
	—	—		—18,7			— 0,2	
	198,0	—		+48,0	—		+82,3	—
4 jähriger Durchschnitt	49,5	—		12,0			20,6	—

	1887--90			1891—94	
	Profit	Verlust		Profit	Verlust
1887	10,9	—	1891	59,2	—
1888	44 2	—	1892	—	2.7
1889	68,0	—	1893	—	17,8
1890	60,8	—	1894	—	23,6
	+183,9	—		+59 2	—44,1
	—	—		—44,1	—
Durchschnitt	+183.9			+15,1	—
	45,8			3,8	—

In den ersten 4 Jahren war der Durchschnittsprofit beinahe gleich der Hälfte des Pachtzinses. In der zweiten Periode betrug er weniger als $^1/_8$, in der dritten ungefähr $^1/_5$ der Pachtrate, in der folgenden Periode erhob er sich über den Mafsstab der Einkommensteuer und in der letzten sank er, trotzdem das erste Jahr ein sehr gutes war, auf einen ganz kleinen Bruchteil herab.

Fafst man diese Jahresserien zusammen, so ergiebt sich für die 20 Jahre von 1875—95 ein Durchschnittsprofit von 26,66 %, also ungefähr $^1/_4$ des Betrages der Pachtzinsen und Zehnten, anstatt der 43,75 %, die die alte Basis der Einkommensteuertaxation bilden. Wenn auch diese Rentabilitätsberechnungen nur annähernd als korrekt betrachtet werden können, so folgt doch daraus, dafs die Farmer, die dieselben aufgestellt haben, heute nur noch ungefähr 60 %, der Summe herauswirtschafteten, die in vergangenen Tagen ein gewöhnlicher Durchschnittsprofit war.

Das wären die wichtigsten Gesichtspunkte, unter denen die
Lage der Pächter als eine durchaus kritische erscheint.

3. Die Bauern.

Wir gehen nunmehr zu den Grundeigentümern über, die ihren
Boden selbst bewirtschaften, den occupying owners. Sie lassen sich
in 2 Klassen einteilen, in die yeomen, welche gröfsere Farmen haben
und in die small freeholders, die kleinen Freisassen.

Die yeomen haben mindestens ebenso sehr gelitten, wie irgend
eine andere der Landwirtschaft treibenden Klassen, entschieden aber
mehr als die Pächter. Denn in der Regel sind die Güter mit Hypotheken belastet und die Gläubiger gewähren keine Zinserlasse. Da
die Grundrente bedeutend gefallen ist, so repräsentieren die Hypothekenzinsen in vielen Fällen eine solche Last, dafs sie der bäuerliche Grundeigentümer kaum ertragen kann; wo er aber imstande
ist, seinen Gläubiger zu befriedigen, da hat er viel mehr an Zins zu
zahlen, als wenn er das Land nur gepachtet hätte. Hierin liegt der
Grund, warum so viele bankerott machen, warum so viele hochge-
achtete alte Bauern in den letzten Jahren von der Bildfläche des
wirtschaftlichen Lebens verschwunden sind. Auch ihre Zukunft
leuchtet keineswegs in rosigen Farben. „Sie werden alle gehen, sagt
Mr. Read (pag. 31), wenn nicht eine Änderung zum Bessern eintritt.“

Vor 25 Jahren war es noch ein ausgezeichnetes Geschäft, ein
Gut zu kaufen. Überall trieb der rege Wettbewerb die Güterpreise
in die Höhe und viele ergriffen damals die Gelegenheit, sich unabhängig
zu machen; sie kauften Land und belasteten es hypothekarisch, da
sie den hohen Preis aus ihren eigenen Ersparnissen nicht bezahlen
konnten.

Als um 1879 die grofse Krisis über die britische Landwirtschaft
hereinbrach, da waren diese Freisassen die ersten und die schwächsten,
die, überwältigt von der Last der Zinsen, die sie zu bezahlen hatten,
zusammenbrachen und verarmten. $3/4$ von ihnen, so wird aus Suffolk
berichtet, haben jetzt keinen Pfennig mehr.

Aber die Lage der yeomen als Eigentümer ist nicht nur deshalb
schlechter als die der Pächter, weil dort der Kapitalzins höher ist, als
hier der Pachtzins, sondern auch deshalb, weil sie an ihr Land gekettet
sind: sie können es nicht verkaufen, ohne ruiniert zu werden, denn
die Verkaufspreise sind enorm gefallen; sie können es aber auch nicht

verpachten, weil der Pachtzins ungenügend sein würde, um den Hypo-
thekenzins damit zu bezahlen.

Das graduelle Verschwinden der Reste des alten freien Bauernstandes, der „statesmen", läfst sich durch einige von Mr.
Fox[1]) mit-
geteilte Zahlen gut illustrieren. In der Gemeinde von Abbey Quarter
in der Wigton Union schmolz ihre Zahl in der Zeit von 1780—1812
von 51 auf 38 zusammen; 1837 war sie auf 30 gefallen; 1864 betrug
sie noch 21 und 1894 waren nur noch 9 übrig geblieben.

Nicht besser als die Lage der grofsen Freisassen ist die der kleinen,
der freeholders. Mr. Pringle schildert sie als sehr ungünstig, in vielen
Fällen als hoffnungslos.

Vor 20 Jahren, als der Preis der Agrarprodukte noch ein hoher
und der Handel aller Art ein lebhafter war, ging der Wert des Landes
sprungweise in die Höhe; in gleichem Mafse aber steigerte sich auch
der Wunsch der kleinen selstständigen Farmer, ihre Wirtschaften
zu vergröfsern. Es entbrannte ein förmlicher Kampf, man wollte
Land um jeden Preis haben. Jemand, der sich glücklich 100 £ erspart hatte, zögerte keinen Augenblick, 1000 £ für 10 Acres guten
Landes zu bieten, denn die Zahlung eines Kaufschillings von 10 $\%$
genügte und das übrige Geld konnte ja leicht geborgt werden. Wer
das Land aber geerbt hatte, war deshalb keineswegs lastenfrei, denn
er war verpflichtet, die übrigen Familienmitglieder abzufinden und
diese Abfindungssummen verschlangen einen Teil seines Eigentums.

Nach den Mitteilungen des Herrn Fox über Lincoln lassen sich
die kleinen Freisassen in Bezug auf ihre ökonomische und finanzielle
Lage am besten einteilen in solche mit und solche ohne hypothekarische
Verschuldung ihres Gutes. Zu den ersteren gehört die grofse Majorität. Sie rekrutiert sich aus den Leuten, die in der Prosperitäts-
periode ihre jetzigen Besitzungen entweder ganz oder teilweise kauften
und häufig 60, 70 ja 80 $\%$ des Kaufpreises als Hypothek darauf zu-
rückliefsen, die sie mit $4\frac{1}{2}$—$5\frac{1}{2}$, in einigen Fällen sogar mit 6 % ver-
zinsen mufsten. Sie rechneten auf ein Andauern der Hausse, oder
gar auf ein weiteres Steigen der Preise, die auf dem Markte gezahlt
wurden. Vor 1878 betrug die Zinsrate für einen Acre 4 oder 5 £
und viele kamen dabei vorwärts und waren sogar in der Lage, ihr
Besitztum zu vergröfsern. Wer aber später mit wenig Betriebs- und
Anlagekapitel Land kaufte, der stand bald angesichts der sinkenden
Preise, der nassen Sommer mit ihren Mifsernten und einer grofsen

---

Zinslast vor dem Bankerott. Der Besitz von Land, sagt Fox, ist für Hunderte solcher Leute der Ruin in der Vergangenheit gewesen und ist heute noch ein Mühlstein um den Hals Hunderter. Daher ist es kein Wunder, wenn sie immer mehr und mehr verschwinden, obgleich das namentlich in sozialethischer Beziehung sehr zu bedauern ist, denn die meisten dieser kleinen Grundeigentümer sind die Blüte ihres Standes, die tüchtigsten Arbeiter, die sich auszeichnen durch treue Pflichterfüllung, die sich mühen und plagen von früh bis spät und Jahre lang Entsagungen ertragen, nur um emporzukommen. Trotzdem sie, wie Fox aus seinem Distrikt berichtet, unglaublich hart und länger als Lohnarbeiter frohnden, können sie doch nicht so gut leben wie diese und auch ihre Wohnungen sind schlechter. Fleisch erscheint selten auf ihrem Tisch. Die Söhne und Töchter der meisten verdienen sich durch ihre Arbeit weiter nichts als Nahrung und Kleidung.

Der grofse Unterschied in der Höhe des Kapital- und des Pachtzinses soll noch an einem Beispiel gezeigt werden. Ein kleiner Farmer in Lincoln bewirtschaftet 9 Acres eigenes und 11 Acres Pachtland mit annähernd gleichem Boden. Für das erstere zahlt er 90 und 100 sh Hypothekenzinsen pro Acre, für das letztere aber nur 45 und 60 sh pro Acre Pachtzins. Diese Zahlen geben eine Vorstellung davon, wieviel höher die Profitrate des Kapitalverleihers gegenüber der des Landverpächters ist.

Nach alledem läfst sich sagen, dafs die selbständigen Eigentümer, die Yeomen sowohl als auch die Small freeholders infolge ihrer totalen Verschuldung unter den gegenwärtigen ungünstigen Zeitverhältnissen sich entschieden in einer schlechteren Position befinden als die grofsen Pächter und dafs sie unter dem Druck der Krisis ebenso gelitten haben als irgend eine andere Klasse. Ihre Zahl vermindert sich fortgesetzt und das ist tief zu beklagen.

4. Grofse und kleine Farmen.

Nach Erörterung der Eigentums- und Besitzverhältnisse wenden wir uns an der Hand des Final-Reports zur Prüfung der Frage, ob grofse oder kleine Güter mehr unter der Krisis gelitten haben.

Diese Frage läfst sich, wie aus dem beigebrachten Material hervorgeht, überhaupt nicht generell beantworten und daher gehen

auch die Ansichten über die relativen Vorteile beider weit auseinander.

Es kommt bei einer Beurteilung hauptsächlich auf die Verhältnisse des Bodens, der Lage und des Wirtschaftssystems an. Nach
der Gunst dieser hauptsächlich influierenden Faktoren richtet sich
die Prosperität einer Besitzgröfse.

In Ackerbaugegenden, wo eine Änderung des Kultursystems nur
mit grofser Schwierigkeit verknüpft ist, hat die Krisis vielleicht die
grofsen Farmen relativ weniger mitgenommen als die kleinen, denn
die letzteren haben verhältnismäfsig mehr Kapital auf ihren Böden
verwendet als die ersteren; dazu kommt, dafs diese moderne arbeit-
sparende Maschinen anwenden, verhältnismäfsig schwerere Ähren
produzieren, mehr Vieh züchten und füttern und ihre Erzeugnisse
besser absetzen können als die kleinen Betriebe. Die grofsen Farmen
halten die Krisis vielfach auch deshalb besser aus, weil sie gewöhnlich
in den Händen kapitalkräftiger Leute sind und die Pachten pro Acre
sich niedriger stellen. (Fox, Garstang, pag. 20.)

In Lokalitäten aber, wo Boden und Lage so günstig sind, dafs
sie ohne Schwierigkeit eine Um- oder Abwandlung der gewöhnlichen
Wirtschaftsmethode gestatten, wo z. B. ein Übergang zum Anbau
von Obst, Blumen oder Gemüsen oder zur Hühnerhaltung möglich ist
oder Gelegenheit zu aufserwirtschaftlichen Beschäftigungen sich bietet,
da scheinen die kleinen Eigentümer oder Besitzer bessere Aussichten
zu haben, als die grofsen. So wird aus Suffolk berichtet, dafs kleine
Farmer, die nicht mehr als 50 Acres haben, sich als Schweine- und
Geflügelhändler oder als Kärner für andere Leute verwenden und sich
auf Grund dieser Erwerbsquellen zu halten vermocht haben („they
have had to keep their farms by what they have done outside their
farming occupation"). Aus den Grafschaften York und Durham
wird hervorgehoben, dafs kleine Landwirte mit Milchwirtschaft in der
Nähe einer Stadt so lange ihr Auskommen finden, solange sie mit
den unbezahlten Kräften ihrer Familie arbeiten; von dem Moment
an aber, wo die Kinder das elterliche Haus verliefsen und Dienst-
boten an ihre Stelle traten, ging es rückwärts.

Aus Wales wird ebenfalls fast einstimmig berichtet, dafs die
kleinen Farmer dort am wenigsten gelitten haben, weil sie gedungene
Arbeitskräfte nur in sehr beschränktem Mafse verwenden. Dieser
Umstand, dafs die kleinen Besitzer ihr Land mit ihrer Familie be-
stellen und sich so den Arbeitslohn sparen, ist für sie ein hervorragender Vorteil. Um aber auszukommen, müssen sie hart frohnden.

Viele dieser kleinen Farmer, heifst es in dem Bericht über Schottland, kennen überhaupt keine feste Arbeitszeit: sie beginnen mit Tagesgrauen und hören erst auf, wenn die Nacht hereinbricht.

Schliefslich sei noch erwähnt, dafs z. Z. die kleinen Farmen sich leichter verpachten lassen als die grofsen, obgleich die Pachtsumme pro Acre eine gröfsere ist. Dies beweist, wie der Kommissionsbericht hervorhebt. dafs die Farmer heute weniger Geld haben als früher und sich daher vorwiegend mit kleinen Besitzungen begnügen müssen.

Die Antwort auf die Frage, ob die Krisis grofse oder kleine Güter mehr getroffen hat, wird also je nach den Verhältnissen verschieden ausfallen.

5. Die Arbeiter.

Schliefslich bleibt noch übrig, zu untersuchen. inwieweit die ländliche Arbeiterklasse von der über die britische Landwirtschaft hereingebrochenen Krisis in Mitleidenschaft gezogen worden ist. Ausführlich ist dieser Gegenstand bereits von der Royal Commission on Labour behandelt worden. Im folgenden sollen nur die wichtigsten Gesichtspunkte hervorgehoben werden.

Die tiefgreifendste Wirkung der Krisis auf die landwirtschaftlichen Arbeiter kommt in erster Linie zum Ausdruck in der Verminderung ihrer Zahl und der hierdurch herbeigeführten Entvölkerung des platten Landes.

Es waren (siehe Appendix von Mr. Littles Report) vorhanden in:

	Geschlecht		1871	1881	1891
England u. Wales	Männliche } Weibliche {	Arbeiter	938 530 58 112	849 929 40 345	774 762 24 150
		Sa.:	996 642	890 174	798 912
Schottland	Männliche } Weibliche {	Arbeiter	112 306 42 790	105 593 44 172	98 718 22 055
		Sa.:	165 096	149 765	120 773
Grofsbritannien	Männliche } Weibliche {	Arbeiter	1 060 836 100 902	955 422 84 517	873 480 46 205
		Sa.:	1 161 738	1 039 939	919 685

Hieraus ergiebt sich, dafs die Zahl der männlichen Arbeiter für Grofsbritannien

von 1871—81 um 105 414
„ 1881—91 „ 81 942

und die der Frauen

von 1871—81 um 16 385
„ 1881—91 „ 38 312

abgenommen hat. Es fällt besonders der starke Rückzug der weiblichen Arbeitskräfte aus der Landwirtschaft in der zweiten Dekade auf. Im allgemeinen tritt diese permanente Abnahme in der Zahl der landwirtschaftlichen Arbeiter noch schärfer hervor, wenn man sie gegenüberstellt dem Wachstum der Gesamtbevölkerung des Landes. Diese stieg

von 26 072 284 im Jahre 1871

auf 33 028 172 ..   „   1891

Gegenüber dieser Zunahme von 6 955 888 Seelen in einem Zeitraume von 20 Jahren fällt die numerische Verminderung der landwirtschaftlichen Arbeiter um 242 053 in derselben Zeit besonders schwer in die Wagschale.

Man klagt allgemein über Mangel an Arbeitern. In Irland, wo die Abnahme am gröfsten ist, wird dieser Mangel weniger schwer empfunden als in Schottland, wo er sich am fühlbarsten äufsert.

Aufser der Reduktion aber hat die Krisis noch eine andere wichtige Wirkung gehabt, die von der Kommission besonders hervorgehoben: nämlich die Unregelmäfsigkeit in der Beschäftigung.

In Bezug auf die Löhne liegen die Verhältnisse verschieden. Wie aus dem Second-Report pag. 23 hervorgeht, sind die Arbeitslöhne in dem gröfseren Teile Grofsbritanniens seit 1873 [1]) gestiegen und das gilt heute noch von einigen Gegenden. Im Osten und Süden aber hat sich der Arbeitslohn in der Regel auf ein niedrigeres Niveau eingestellt, trotzdem ist er immer noch höher als vor 1873. Man kann sagen, dafs sich die materielle Lage des landwirtschaftlichen Arbeiters durchweg verbessert hat. Es ist das nicht allein auf das Steigen des Lohnes, sondern vor allen Dingen darauf zurückzuführen, dafs alle Nahrungsmittel so beispiellos billig geworden sind. Diese Wohlfeilheit der wichtigsten Konsumartikel bedeutet für den Arbeiter gewissermafsen eine Lohnerhöhung. Er kann für dasselbe Geld heute mehr kaufen als früher.

Allein seit dem Jahre 1892 hat sich teilweise wieder eine Änderung zum Schlechten in der Lage der ländlichen Arbeiterschaft vollzogen, die sich aber hauptsächlich beschränkt auf die reinen Ackerbaugrafschaften des Ostens und teilweise auch des Südens. Bis 1892 war der Lohn relativ hoch und die Beschäftigung regelmäfsig. Nun schlugen diese Thatsachen in ihr Gegenteil um. In Cambridgeshire

---

[1]) Dieses Jahr als den Ausgangspunkt anzunehmen, erscheint nicht korrekt, denn der Anfang der 70 er Jahre zeichnete sich auch in England durch eine Hausse in Industrie- und Landwirtschaft aus.

z. B. fiel der Wochenlohn um 2 sh und eine reguläre Beschäftigung
hörte vielfach ganz auf. Ebenso in Essex. In Suffolk betrug noch
im Juni 1892 der Wochenlohn eines gewöhnlichen Arbeiters 12 sh, aber
bereits im September sank er auf 11 sh und im Herbst und Winter
des folgenden Jahres auf 10 sh. 1894 reduzierte eine Anzahl Farmer
den Lohn der Männer weiter auf 9 sh und in einigen exceptionellen
Fällen sogar auf 8 sh. Auf grofsen Gütern allerdings, wo ein Teil
der Arbeiten im Akkord vergeben wird, können pro Tag 2 sh 6 d,
manchmal auch 3 sh 6 d verdient werden.

Sehen wir aber von den hauptsächlich Ackerbau treibenden
Distrikten, die zwischen der Wash und Themse liegen, von den Grafschaften Lincoln, Süd-Wilts und einige Teile von Berk, Stafford,
Warwick und Westmorland ab, so finden wir in den englischen Grafschaften, sowie in Wales und Schottland — hier selbst in den
arable counties — keine sinkende Tendenz der Löhne. Ein Zeuge
berichtet (Min. of Ev. Vol. I. 2100), dafs seit 1881 die Löhne ungefähr stabil geblieben seien. Sie betragen im Winter 12 und im
Sommer 13 sh für gewöhnliche Arbeit. Am wenigsten zufrieden-
stellend ist nach Mr. Little die Beschaffenheit der Arbeiterwohnungen.

Das Resultat dieser Betrachtung wäre also, dafs die Zahl
der ländlichen Arbeiter enorm zurückgegangen ist,
dafs aber die ganze Klasse naturgemäfs weniger unter
den Folgen der Krisis zu leiden gehabt hat. Denn die
kolossale Verbilligung der notwendigen Lebensmittel
ist ihr in erster Linie zu gute gekommen. Es lässt sich
aber nicht leugnen, dafs sich in den letzten Jahren die
Lage der Arbeiter vornehmlich in den englischen
Ackerbaugrafschaften infolge von Lohnreduktionen
und unregelmäfsiger Beschäftigung verschlechtert hat.

* * *

Nachdem im Vorhergehenden ein Bild von der Verbreitung der
Krisis über das ganze Land und ihrer Wirkung auf die einzelnen
Kategorieen von Landwirten zu geben versucht wurde, erscheint es
noch angezeigt, auf die seit 1895—96 eingetretene günstigere
Konjunktur hinzuweisen, die sich namentlich in der partiellen Er-
holung der Korn- und Wollpreise dokumentiert. Auch bei uns in
Deutschland ist ja in den letzten Jahren auf Grund der Lage der
Weltwirtschaft teilweise eine Preisverbesserung eingetreten.

Das Jahr 1896, über das der Kommissionsbericht bereits keine Aussagen mehr aufgenommen hat denn dieselben schliefsen mit dem Jahre 1895 ab, zeigt in Bezug auf die landwirtschaftlichen Produktions- und Preisverhältnisse folgende Grundzüge: Von den drei Hauptfrüchten, die in Grofsbritannien angebaut werden, Weizen, Gerste und Hafer, hat der Weizen gegen das Vorjahr eine Vergröfserung der angebauten Fläche um ca. 280 000 Acres und eine Mehrproduktion von 20 Millionen Bushels aufzuweisen. Trotzdem im folgenden Jahre 1897 die Fläche sich noch mehr vergröfserte, ging doch der Ernteertrag nicht unbedeutend zurück. Bei der Gerste war trotz der verminderten Anbaufläche der Ertrag um 2 Millionen Bushels gröfser, beim Hafer aber um ca. 8 Millionen Bushels kleiner als 1895.

Fläche.

	1897	1896	1895
Weizen	1 887 805 Acres	1 693 957 Acres	1 417 483 Acres
Gerste	2 035 249 „	2 104 764 „	2 166 279 „
Hafer	3 034 999 „	3 095 488 „	3 296 063 „

Produktion.

	1897	1896	1895
Weizen	54 913 000 Bushels	57 053 000 Bushels	37 176 000 Bushels
Gerste	66 804 000 „	70 775 000 „	68 651 000 „
Hafer	116 812 000 „	114 016 000 „	122 149 000 „

Ernte pro Acre.

	1897	1896	1895
Weizen	29,09 Bushels	33,68 Bushels	26,25 Bushels
Gerste	32,82 „	33,63 „	31,69 „
Hafer	38,49 „	36,83 „	37,06 „

Die Bestände für Rindvieh und Schafe haben sich 1896 nicht unerheblich vermehrt. Es waren vorhanden

	Rindvieh	Schafe
1894:	6 347 000 Stück	25 861 000 Stück
1895:	6 354 000 „	25 792 000 „
1896:	6 494 300 „	26 705 000 „
1897:	6 500 497 „	26 340 440 „

Auch das Preisniveau hat sich gehoben. Der offizielle wöchentliche Durchschnittspreis für britischen Weizen stieg im November 1896 auf 33 sh 4 d, für Gerste auf 29 s 7 d und für Hafer auf 17 sh 7 d per Quarter.

Aber diese Preiserhöhung vermochte nicht auf den jährlichen Durchschnittspreis von Gerste und Hafer einen wesentlichen Einfluſs auszuüben. Nur beim Weizen, wo sie bereits in den ersten 5 Monaten des Jahres einsetzte, kommt sie auch in dem Jahresdurchschnitt zum Ausdruck. Dieser betrug nach den Berichten des Ackerbauamts:

	Weizen	Gerste	Hafer
1894	22 sh 10 d	24 sh 6 d	17 sh 1 d
1895	23 „ 1 „	21 „ 11 „	14 „ 6 „
1896	26 „ 2 „	22 „ 11 „	14 „ 9 „
1897	30 „ 2 „	—	—

Während auf dem Weizenmarkt diese Bewegung nach oben sich vollzog, machte sich auf dem Fleischmarkt eine entgegengesetzte Tendenz geltend. Die offiziellen Notierungen für den Durchschnittsengrospreis für britisches Rind- und Schaffleisch auf dem Londoner Viehmarkt im Jahre 1896 waren die niedrigste für viele Jahre. Es wurde bezahlt per Stone (zu 8 lbs.):

	Rindfleisch			Schaffleisch		
	geringe	mittlere	beste	geringe	mittlere	beste
		Qualität			Qualität	
1894	2 sh 5 d	3 sh 11 d	4 sh 6 d	3 sh 7 d	5 sh 2 d	5 sh 10 d
95	2 „ 8 „	3 „ 11 „	4 „ 6 „	3 „ 11 „	5 „ 4 „	5 „ 11 „
96	2 „ 4 „	3 „ 9 „	4 „ 5 „	3 „ 3 „	4 „ 10 „	5 „ 5 „
97	2 „ 5 „	3 „ 11 „	4 „ 6 „	3 „ 8 „	5 „ 0 „	5 „ 8 „[1])

In Bezug auf die Wollpreise fand in einigen Qualitäten, namentlich in Luster und langer Stapelwolle 1895 eine Erholung statt. Allein das folgende Jahr zeigte wieder einen Rückschlag, der jedoch im Vergleich mit den Preisen von 1892—94 immerhin noch eine kleine Aufbesserung bedeutete.

Der Durchschnittspreis pro lb. für Lincolnwolle betrug nach dem „Bradford Observer":

	Half Hogg.	Hogg.	Wether
1894	10$^{1}/_{8}$ d	10$^{3}/_{8}$ d	9$^{7}/_{8}$ d
95	12 „	12$^{3}/_{4}$ „	11$^{1}/_{4}$ „
96	11$^{1}/_{2}$ „	12$^{1}/_{2}$ „	10$^{1}/_{2}$ „

Dieser flüchtige Gesamtüberblick über den Standard der Produktion und der Preise ergiebt, daſs in neuster Zeit die Lage

---

[1]) Für 1897 siehe das Journal of the Board of Agriculture March 1898.

sich nicht verschlimmert hat, sondern dafs allerdings
nur in beschränktem Mafse eine partielle Verbesserung
eingetreten ist. Die Kommission ist aber nicht in der
Lage, darin den ersten Schritt zu einer dauernden Ge-
sundung der britischen Landwirtschaft zu erblicken.

II. Die Ursachen der Krisis.

A. Der Fall der Preise.

Als die generelle Ursache der Agrarkrisis der letzten 20 Jahre
wird von allen Zeugen einstimmig der progressive und schwere Preisfall aller landwirtschaftlichen Produkte angegeben, und diese durch
die Enquete erhaltnen Angaben werden durch die Statistik bestätigt.
Diese grofse Preisrevolution hat auf den drei wichtigsten Gebieten
der Landwirtschaft: Ackerbau, Viehzucht und Milchwirtschaft enorme
Verluste der Landwirte herbeigeführt. Nach den Berechnungen Sir
Robert Giffens belief sich die infolge des Rückgangs der Preise landwirtschaftlicher Produkte zwischen 1874 und 1891 eingetretene jährliche Wertverminderung derselben auf 77 Millionen $\mathcal{L}$ im Durchschnitt, d. s. 25 $^0/_0$. Dieser Betrag stellt sich, wenn die folgenden
Jahre zur Vergleichung herangezogen wurden, noch bedeutend höher.
Mr. Turnbull schätzte die Reduktion der jährlichen Bruttoeinnahmen
von 1874/5 verglichen mit denen der Jahre 92/3 auf ca. 82 Millionen $\mathcal{L}$
oder 30 $^3/_5$ $^0/_0$.

1. Produkte des Ackerbaues.

Zu den mächtigsten Faktoren, die die Krisis entstehen liefsen
und sie immer mehr verschärften, gehört in erster Linie der seit
Mitte der 70er Jahre anhaltende Fall in den Getreidepreisen.
Die meisten Zeugen geben denselben auf über 50 $^0/_0$ beim Weizen
und auf 30—40 $^0/_0$ für Gerste und Hafer an. Der Hafer ist im allgemeinen weniger im Preise gesunken als die beiden anderen Getreidearten.

Vergleichen wir mit diesen aus der Praxis geschöpften Angaben
die offiziellen Notierungen des Ackerbauamts, so zeigt sich,
dafs der 3 jährige Durchschnittspreis per imperial quarter betrug:

	Weizen	Gerste	Hafer	Weizen	Gerste	Hafer
1876—78	49 sh 9 d	38 sh 4 d	25 sh 6 d	100	100	100
77—79	49 „ 0 „	37 „ 11 „	24 „ 0 „	98	99	94
78—80	44 „ 10 „	35 „ 9 „	23 „ 1 „	90	93	90
79—81	44 „ 6 „	33 „ 0 „	22 „ 2 „	89	86	87
80—82	44 „ 11 „	32 „ 1 „	22 „ 3 „	90	84	87
81—83	44 „ 0 „	31 „ 8 „	21 „ 8 „	88	83	85
82—84	40 „ 9 „	31 „ 3 „	21 „ 2 „	82	82	83
83—85	36 „ 8 „	30 „ 10 „	20 „ 9 „	74	80	81
84—86	33 „ 2 „	29 „ 1 „	19 „ 11 „	67	76	78
85—87	32 „ 1 „	27 „ 4 „	18 „ 7 „	64	71	73
86—88	31 „ 9 „	26 „ 7 „	17 „ 4 „	64	69	68
87—89	31 „ 4 „	26 „ 4 „	16 „ 11 „	63	68	66
88—90	31 „ 2 „	27 „ 5 „	17 „ 8 „	63	71	69
89—91	32 „ 11 „	27 „ 7 „	18 „ 9 „	66	72	73
90—92	33 „ 1 „	27 „ 8 „	19 „ 6 „	66	72	76
91—93	31 „ 2 „	26 „ 8 „	19 „ 6 „	63	70	76
92—94	26 „ 6 „	25 „ 5 „	18 „ 7 „	53	66	73
93—95	24 „ 1 „	24 „ 0 „	16 „ 9 „	48	63	66

Der Quarter Weizen fiel hiernach

   von 49 sh 9 d (1876 8)

   auf 24 sh 1 „ (1893 5) d. h. um 52 %

Der Quarter Gerste

   von 38 sh 4 d (1876 8)

   auf 24 „ 0 „ (1893 5) d. h. um 37 %

Der Quarter Hafer

   von 25 sh 6 d (1876 8)

   auf 16 „ 9 „ (1893 5) d. h. um 34 %

Für diese drei Hauptgetreidearten würde die jährliche Produktion Grofsbritanniens zu dem Preise von 1876/8 einen Wert von 52 836 800 £ repräsentieren; zu dem Preise von 1893 5 aber blofs einen solchen von 31 213 000 £. Das bedeutet einen Ausfall von 21 618 000 £ oder von mehr als 40 %.

Diese Berechnungen erhärten die bereits früher erwähnte Thatsache, dafs die Getreideproduktion heute unter kolossalen Verlusten arbeitet, wenn sie nicht gerade durch ganz besondere Verhältnisse begünstigt wird. Die hierausfolgende Unrentabilität des Getreidebaues im allgemeinen hat daher zu seiner Einschränkung und zu einer immer gröfser werdenden Ausdehnung des Weidelandes geführt.

Von Wichtigkeit sind noch zwei andere Produkte des Feldbaues: Kartoffeln und Hopfen.

Nach Mr. Sauerbecks Tabelle der Preisbewegungen sind gute englische Kartoffeln durchschnittlich

von 5 £ 2 sh per Tonne für 1878/87
auf 3 £ 17 „ „ „ „ 1884/93

d. h. um 25 %, gefallen. Seitdem sind die Preise gelegentlich auf
30 sh oder noch weniger zurückgegangen. Im allgemeinen läfst sich
der Preisrückgang für Kartoffeln auf 20—30 %, ansetzen.

Die Hopfenpreise haben sich im Laufe des letzten Jahrzehntes
sehr unregelmäfsig bewegt. Das Handelsamt giebt die Preise für
britischen Exporthopfen, die sich allerdings nur auf kleine Mengen beziehen und daher nur ein ganz rohes Bild der Änderungen bieten,
im jährlichen Durchschnitt seit 1881 folgendermafsen an:

1881	5 £ 9 sh	1886	3 £ 7 sh	1891	8 £ 0 sh
82	10 „ 0 „	87	4 „ 0 „	92	7 „ 2 „
83	10 „ 3 „	88	5 „ 8 „	93	6 „ 9 „
84	6 „ 2 „	89	5 „ 0 „	94	4 „ 9 „
85	5 „ 7 „	90	8 „ 0 „	95	3 „ 7 „

In dem Report of the Select Committee on the Hop Industrie
wird der Preis des Hopfens für mehrere vor 1889 liegende Jahre als
so niedrig bezeichnet, dafs er keinen Nutzen übrig lasse (unprofitably
low) und die obigen Zahlen zeigen, dafs auch in den letzten Jahren
der Preis wiederum gefallen ist auf eine keinen Gewinn mehr ab-
werfende Stufe.

2. Produkte der Viehzucht.

Der zweite schwer ins Gewicht fallende Faktor ist der Niedergang der Fleischpreise; derselbe erstreckt sich auf Rindvieh,
Schafe, Schweine, und zwar sowohl auf Fett- wie auch auf Magervieh,
auf junge wie alte Tiere. Verfolgen wir die einzelnen Gruppen
etwas näher.

Der Preisrückgang des Rindfleisches in den letzten 10 oder
12 Jahren wird von vielen Sachverständigen auf 30—40 % angegeben.
Diese Ansicht kommt sehr nahe den Zahlen der Statistik über die
auf dem Londoner Viehmarkt im 3 jährigen Durchschnitt per Stone of
8 lbs. erzielten Viehpreise.[1]

---

[1] Die folgende Tabelle ist von der Kommission nach den Argricultural
Returns 1894 pag. 148 und nach den Mitteilungen des Journal of Board of
Agriculture Vol. II pag. 496 zusammengestellt.

Jahr	Geringere Qualität	Mittlere Qualität	Beste Qualität	Geringere Qualität	Mittlere Qualität	Beste Qualität
1876—78	4 sh 5 d	5 sh 6 d	6 sh 0 d	100	100	100
77—79	4 „ 4 „	5 „ 4 „	5 „ 10 „	98	97	97
78—80	4 „ 4 „	5 „ 3 „	5 „ 10 „	98	95	97
79—81	4 „ 4 „	5 „ 2 „	5 „ 8 „	98	94	94
80—82	4 „ 5 „	5 „ 4 „	5 „ 10 „	100	97	97
81—83	4 „ 4 „	5 „ 5 „	5 „ 10 „	98	98	97
82—84	4 „ 3 „	5 „ 6 „	5 „ 11 „	96	100	98
83—85	4 „ 1 „	5 „ 3 „	5 „ 8 „	92	95	94
84—86	3 „ 9 „	4 „ 9 „	5 „ 3 „	85	86	87
85—87	3 „ 5 „	4 „ 3 „	4 „ 10 „	77	77	81
86—88	2 „ 10 „	4 „ 0 „	4 „ 9 „	64	73	79
87—89	2 „ 7 „	4 „ 1 „	4 „ 9 „	58	74	79
88—90	2 „ 4 „	4 „ 4 „	4 „ 10 „	53	79	81
89—91	2 „ 6 „	4 „ 4 „	4 „ 10 „	57	79	81
90—92	2 „ 8 „	4 „ 3 „	4 „ 10 „	60	77	81
91—93	2 „ 10 „	4 „ 2 „	4 „ 10 „	64	76	81
92—94	2 „ 9 „	4 „ 0 „	4 „ 8 „	62	73	78
93—95	2 „ 8 „	4 „ 0 „	4 „ 7 „	60	73	76

Man erkennt hieraus, dafs die rückgängige Tendenz der Preise die verschiedenen Qualitäten in verschiedenem Mafse ergriffen hat. Die schlechteste Qualität ist um 40 $^0/_0$, die II. um 27 $^0/_0$ und die erste nur um 24 $^0/_0$ im Preise gesunken. Das beste Fleisch hat demnach nicht nur absolut, sondern auch relativ höhere Preise erzielt.

Der vornehmlich 1882/3 stärker einsetzende Preis fall hat aber auch das Magervieh nicht unberührt gelassen; allein die Entwertung ist hier nicht so grofs gewesen, obgleich der Mangel an Futter (Gras und Wurzelgewächsen) infolge des nassen Jahres 1893 dieselbe zu vergrössern strebte. So erklärt es sich, dafs in England den Nachdruck auf die Züchtung von jungen frühreifen Magervieh (store cattle) legt, das bereits mit 2—3 Jahren zur Mast kommt.

Aus Roxburghshire wird z. B. berichtet, dafs der Preis für Magervieh

16 £ pro Kopf im Jahre 1882 und

13 „ „ „ „ „ 1892

betrug, während für Fettvieh in denselben Perioden 25 und 18 £ erzielt wurden.

Nach den Mitteilungen des Teviotdale Farmer Clubs bewegten sich auch die Preise für Jungvieh seit 1882/4 auf einer niedrigen Basis. Man zahlte pro Kopf für

	junge Shorthorns (Shorthorn Stirks)	2 jährige Shorthorns
1876—78	9 £ 16 sh 8 d	15 £ 1 sh 8 d
1892—94	7 „ 3 „ 4 „	11 „ 4 „ 2 „

Der Preisfall beträgt im ersten Falle 25, im zweiten 24 $^0/_0$.

Auch bei den S c h a f e n hat sich seit 1881/83 trotz grofser Preisfluktuationen ein stetiger Rückgang im Geldwert, sowohl bei Fett- wie bei Wollschafen (fat and store), bemerkbar gemacht. Derselbe schwankt bei allen Schafklassen etwa zwischen 20 und 30 $^0/_0$. Dasselbe besagen auch die von dem Teviotdale Farmer Club gemachten Aufzeichnungen,[1] über den Durchschnittspreis von je 5 Jahren seit 1880 für verschiedene Schafkategorieen im Norden Englands.

	1880—84	1891—93	Abnahme in $^0/_0$
Top Cheviot Wedder Lambs	16 sh 1 d	10 sh 9 d	21,2
Second „ „ „	12 „ 10 „	7 „ 11 „	24,7
Mid „ Ewe „	18 „ 9 „	12 „ 1 „	27,6
Shot „ Ewe and Wedder Lambs	9 „ 10 „	5 „ 10 „	25,4
Draft Hill Cheviot Ewes	34 „ 4 „	19 „ 10 „	33,3
Draft Cheviot Ewes brought Half bred Lambs	30 „ 6 „	19 „ 5 „	28,1

Die Abnahme bewegt sich zwischen 21 und 33 $^0/_0$. Man darf allerdings nicht vergessen, dafs seit 1894 wieder eine Erholung im Preise eingetreten ist.

Schliefslich wollen wir noch die 3 jährigen Durchschnittspreise für Hammelfleisch (per Stone of 8 lbs.), wie sie auf dem Londoner Haupt-Viehmarkt gezahlt wurden für geringe, mittlere und beste Qualität wiedergaben.[2]

Jahr	Geringere Qualität	Mittlere Qualität	Beste Qualität	Geringere Qualität	Mittlere Qualität	Beste Qualität
1876—78	5 sh 5 d	6 sh 5 d	6 sh 11 d	100	100	100
77—79	5 „ 5 „	6 „ 4 „	6 „ 9 „	100	99	98
78—80	5 „ 5 „	6 „ 3 „	6 „ 9 „	100	97	98
79—81	5 „ 6 „	6 „ 3 „	6 „ 10 „	102	97	99
80—82	5 „ 9 „	6 „ 6 „	6 „ 11 „	106	101	100
81—83	6 „ 0 „	6 „ 7 „	7 „ 1 „	111	103	102
82—84	5 „ 11 „	6 „ 6 „	6 „ 11 „	109	101	100
83—85	5 „ 5 „	5 „ 11 „	6 „ 5 „	100	92	93
84—86	4 „ 9 „	5 „ 6 „	6 „ 0 „	88	86	87
85—87	4 „ 1 „	5 „ 1 „	5 „ 8 „	75	79	82
86—88	3 „ 8 „	5 „ 0 „	5 „ 8 „	68	78	82
87—89	3 „ 5 „	5 „ 1 „	5 „ 10 „	63	79	84
88—90	3 „ 9 „	5 „ 4 „	6 „ 2 „	69	83	89
89—91	3 „ 11 „	5 „ 5 „	6 „ 2 „	72	84	90
90—92	4 „ 0 „	5 „ 3 „	5 „ 11 „	74	82	86
91—93	3 „ 9 „	4 „ 11 „	5 „ 7 „	69	77	81
92—94	3 „ 8 „	4 „ 11 „	5 „ 7 „	68	77	81
93—95	3 „ 9 „	5 „ 1 „	5 „ 9 „	69	79	83

[1] Siehe Fox Cumberland p. 39.
[2] Siehe Final-Report p. 49.

Der Durchschnitt von 1893/5 ist danach verglichen mit dem von 1876 8

> für schlechte Qualität um 31 %, niedriger
> „ mittlere „ „ 21 „ „
> „ gute „ .. 17 „ „

Auch hier kommt dieselbe Erscheinung zum Ausdruck. die wir bereits bei der historischen Entwicklung der Preise des Rindfleisches hervorhoben, daſs die hochwertigen Qualitäten am wenigsten unter der allgemeinen Preisreduktion zu leiden gehabt haben.

Über die englischen Schweinefleischpreise existiert leider keine zuverlässige Statistik. Wir geben daher die Durchschnittspreise für importiertes Schweinefleich wieder. Dieselben betrugen pro englischen Cwt. (= 45,36 kg) für

	1876,8	1893 5	Abnahme in %,
frisches Schweinefleisch	52 sh 7 d	48 sh 2 d	8.4
gepökeltes (salted) „	38 „ 3 ..	28 .. 5 ..	25,7
Speck	46 .. 8 ..	45 „ 4 „	2,9
Schinken	53 .. 11 ..	50 .. 10 ..	5.7
Mittel:	47 .. 10 „	43 „ 2 ..	9,8

Dieser im Mittel ungefähr 10 %, ausmachende Preisrückgang des importierten Schweinefleisches ist für englisches noch gröſser. Die geringste Verbilligung zeigt der Speck (2,9 %,), die stärkste das Pökelfleisch (25,7 %,).

Der allgemeinen Preisebbe ist in besonders hohem Maſse auch die Wolle unterlegen. Die Zeugen behaupten einstimmig, daſs der Wollpreis in den letzten 20 Jahren um ca. 50 % gesunken sei. Die Bewegung der Wollpreise wird am besten in der Tabelle Seite 42 illustriert, welche den dreijährigen Durchschnitt der Preise pro lbs. für 2 typische Wollvarietäten darstellen.[1])

Der stetige Niedergang der Preise beläuft sich, wie aus dieser Tabelle hervorgeht, auf über 50 % bei 4 Varietäten: Half-Hogg. Hogg, Half-bred Hogg, Half-bred Ewes and Wethers und über 40 % bei den beiden übrig bleibenden Varietäten Lincoln Wether und White Cheviot.

Eine andere bekannte Wollvarietät. nämlich Southdown hat nach den Berichten des Ackerbauamts (Journal of Board of Agriculture, Vol. II, p. 507) ebenfalls eine Abschwächung von 50 % erfahren, wenn man die Preise von 1873 mit denen von 1895 vergleicht. Charakteristisch ist. daſs bei der Wolle die geringeren und daher

---

[1]) Siehe Reports of Cumberland and Lincolnshire.

Jahr	Lincoln-Wolle			North Country Wool		
	Half Hogg	Hogg	Wether	Half-bred Hogg	Half-bred Ewes and Wethers	White Cheviot
1874 6	19,42 d	21, 2 d	17,29 d	19,87 d	17,66 d	16,54 d
75 7	17,92 „	19,04 „	16,61 „	17,96 „	16,25 „	15,54 „
76 8	16,33 „	16.87 „	15,46 „	16,04 „	14,75 „	14,58 „
77 9	14,58 „	15.08 „	14,04 „	14.08 „	12,33 „	13.08 „
78 80	14.42 „	14,70 „	13,71 „	13,66 „	12,54 „	12,79 „
79 81	13,32 „	13,83 „	12,87 „	12,54 „	11,42 „	11,54 „
80 2	12,90 „	13.33 „	12,50 „	12,79 „	11,75 „	11,62 „
81 3	11,21 „	11,54 „	10,92 „	11,25 „	10,21 „	10,21 „
82 4	10,42 „	10.75 „	10.08 „	10.75 „	9,79 „	9,62 „
83 5	9.96 „	10,42 „	9.54 „	10.25 „	9,29 „	9.17 „
84 6	9,96 „	10.42 „	9,50 „	10,62 „	9,62 „	9,29 „
85 7	10,12 „	10,50 „	9,83 „	10,83 „	9,83 „	9,96 „
86 8	10,29 „	10,50 „	10,17 „	10,92 „	9,92 „	10.29 „
87 9	10,02 „	10,58 „	10,50 „	10,83 „	9.92 „	10,42 „
88 90	10,79 „	11,08 „	10,50 „	10.58 „	9.50 „	10,04 „
89 91	10.58 „	10.96 „	10.12 „	10.71 „	9,58 „	10,21 „
90 92	9,83 „	10.12 „	9.50 „	10.29 „	9,08 „	9.92 „
91 3	9,58 „	8.87 „	9,33 „	10.0 „	8.96 „	9,67 „
92 4	—			9.9 „	8,96 „	9.37 „

billigeren Qualitäten (Wether — White Cheviot) nicht so tief im Preise
gefallen sind, als die besseren. Das beruht gröfstenteils auf einer
Änderung der Mode, auf einer gröfseren Nachfrage der breiten Massen
nach billigen Tuchstoffen.

Auch die Molkereiprodukte sind von der allgemein eingetretenen Verbilligung der Lebensmittel nicht verschont geblieben.
Genaue Angaben über die dadurch entstandenen Wertreduktionen
lassen sich leider nicht machen. Nach den Berechnungen Sir R. Giffens
beliefen sich dieselben für Milch, Butter und Käse zusammengenommen
auf ca. 33 % in dem Zeitraum von 1874 bis 1891. Andere Sachverständige schätzen den Rückgang auf 25—33 %. Vor allem ist zu beachten,
dafs seit 1891 ganz unzweifelhaft eine starke Senkung des Preisniveaus
für die Erzeugnisse der Milchwirtschaft stattgefunden hat.

Was zunächst die Milch anbetrifft, so hat sich der Preisrückgang
überall dort weniger bemerklich gemacht, wo sie direkt in eine be-
nachbarte Stadt an den Konsumenten abgesetzt werden konnte. Wo
sie aber, wie das in den vom Markte weiter abliegenden Gegenden
der Fall zu sein pflegt, in Butter, Käse etc. verarbeitet wird, da hat
der diese Fabrikate besonders treffende fremde Wettbewerb die Preise
stärker heruntergedrückt.

Die Butter ist nach den Schätzungen mehrerer Fachmänner um
15—30 % im Preise gefallen. Nach den Notierungen auf dem Kirby

Lonsdale Markt fiel englische Butter zwischen 1876 und 1894 von 17 $\frac{1}{4}$ d auf 1 sh per lb. und Welsche Fafsbutter (tub butter) von 15 d auf 10 d per lb. Diese Verhältnisse betrachtet der Bericht als typisch für den Rückgang des Butterpreises im allgemeinen. Genau aber läfst sich, wie gesagt, derselbe aus dem vorhandenen Material nicht bestimmen. Die Angaben oscillieren zwischen 16 und 33 % und es ist wahrscheinlich, dafs der allgemeine Preisrückgang über dem Mittel dieser beiden Extreme liegt.

Über das Sinken der **Käsepreise** werden ebenfalls keine genaueren Angaben gemacht; doch scheint es, als ob dieser Artikel ca. 25 bis 30 % billiger geworden sei.

Lassen wir nun noch einmal die für die wichtigsten Erzeugnisse der Landwirtschaft eingetretenen Preisänderungen der letzten 20 bis 25 Jahre hauptsächlich unter dem Gesichtspunkt ihrer prozentualen Abnahme Revue passieren, so ergiebt sich folgendes:

Die Krisis setzt in der Mitte der 70 Jahre ein mit dem Preissturz der Cerealien; die drei wichtigsten von ihnen fallen um mehr als 30 %, der Weizen sogar über 50 % im Preise. Die englischen Landwirte nehmen heute, wie wir gesehen haben, über 21 $\frac{1}{2}$ Millionen $\mathcal{L}$ weniger für ihr Getreide ein als früher.

Die Entwertung der Kartoffeln belief sich wie gezeigt auf 20—30 %; die Preisrückgänge des Hopfens verliefen sehr unregelmäfsig und zeigten namentlich seit Beginn der 90 Jahre eine stark sinkende Tendenz.

Die grofse Preisrevolution auf dem Gebiete des Fleischmarktes bricht in intensiver Form erst in der ersten Hälfte der achtziger Jahre aus. Die Reduktionen betragen nach den auf dem Londoner Haupt Viehmarkt gemachten Notierungen für

	I. Qualität	II. Qualität	III. Qualität
Rindfleisch	24 %	27 %	40 %
Hammelfleisch	17 „	21 „	31 „

Besonders beachtenswert ist die aus diesen Zahlen deutlich hervorgehende Tendenz, dafs die preisreduzierenden Einflüsse am wenigsten wirksam gewesen sind bei den besten Qualitäten. Die Primaprodukte der Wirtschaft sind von der Krisis am wenigsten verfolgt worden.

In noch stärkerem Mafse als auf dem Fleischmarkt

hat die Krisis die ehemals lohnenden Preise auf dem Wollmarkt untergraben.

Auch hier haben die verschiedenen Qualitäten in ungleichem Maße gelitten, die besseren im allgemeinen mehr als die schlechteren. Die Ursache hierfür liegt in der größeren Nachfrage nach billigen Tuchstoffen von Seiten der breiten Massen. Im allgemeinen kann man annehmen, daß der Wollpreis etwa um die Hälfte gesunken ist.

Einen weniger heftigen im einzelnen sehr verschiedenen Charakter hat, wie des Näheren gezeigt, der Preisrückgang der Molkereiprodukte. Er läßt sich für Milch, Butter und Käse zusammen auf etwa 30 % taxieren.

Es kann nach alledem gar kein Zweifel bestehen über den engen kausalen Zusammenhang zwischen Krisis und Preisfall: Die Landwirtschaft leidet, weil die Preise in dem Maße gefallen sind, wie wir im Vorhergehenden zu zeigen versucht haben.

B. Der ausländische Wettbewerb.

Dieser Preisfall aller landwirtschaftlichen Erzeugnisse ist eng verknüpft mit dem Wachsen des ausländischen Wettbewerbs. Daher ist es notwendig, die Ausdehnung und Bedeutung des Importhandels mit Getreide, Fleisch, Wolle, Molkereiprodukten etc. nach Großbritannien und Irland näher ins Auge zu fassen.

1. Weizen, Gerste. Hafer etc.

Wir beginnen mit der für England wichtigsten Getreideart, dem Weizen. Die zwischen 1875 und 95 in das vereinigte Königreich importierten Bruttomengen und Werte für Weizen und Weizenmehl (in äquivalentem Korngewicht) stellen sich nach den Berichten des Handelsamtes im 3 jährigen Durchschnitt wie folgt:

Jahre	Quantität	Wert
1875—77	58 314 000 Cwts	33 665 000 £
78 — 80	67 051 000 „	37 839 000 „
81—83	79 062 000 „	43 153 000 „
84—86	72 088 000 „	29 980 000 „
87 — 89	79 856 000 „	31 316 000 „
90—92	89 175 000 „	36 473 000 „
93—95	99 257 000 „	29 264 000 „

Die Gesammteinfuhrmenge für Weizen inkl. Mehl hat sich, wie aus diesen Zahlen ohne Weiteres hervorgeht, in den letzten 20 Jahren enorm gesteigert und zwar um über 70 %. Diese kolossale Vermehrung der fremden Zufuhr aber ist mit einer Preisabnahme verbunden, die sich, wie früher nachgewiesen, auf über 50 % beläuft. Daraus ist es zu erklären, daſs England heute für die importierten 99 Millionen Centner Weizen ca. 4 ½ Millionen £ weniger zahlt als Mitte der 70er Jahre für 58 Millionen Centner.

Die Unterschiede im Preise zwischen heimischen (d. h. englischen) und importierten Weizen werden am besten aus folgenden Zahlen ersichtlich:

Durchschnittlichen Jahrespreis per quarter zu 480 lbs für

Jahr	britischen Weizen	importierten Weizen	Jahr	britischen Weizen	importierten Weizen
1875—77	49 sh 4 d	47 sh 11 d	1885—87	32 sh 1 d	32 sh 11 d
76—78	49 „ 9 „	48 „ 5 „	86—88	31 „ 9 „	32 „ 8 „
77—79	40 „ 0 „	48 „ 8 „	87—89	31 „ 4 „	32 „ 11 „
78—80	44 „ 10 „	46 „ 7 „	88—90	31 „ 2 „	33 „ 1 „
79—81	44 „ 6 „	46 „ 8 „	89—91	32 „ 11 „	34 „ 10 „
80—82	44 „ 11 „	46 „ 10 „	90—92	33 „ 1 „	34 „ 9 „
81—83	44 „ 0 „	45 „ 0 „	91—93	31 „ 2 „	32 „ 11 „
82—84	40 „ 9 „	41 „ 3 „	92—94	26 „ 6 „	27 „ 1 „
83—85	36 „ 8 „	37 „ 3 „	93—95	24 „ 1 „	24 „ 9 „
84—86	33 „ 2 „	34 „ 0 „			

Der britische Weizen steht also seit Beginn der 80er Jahre immer etwas tiefer im Preise. Besonders merkwürdig erscheint die Thatsache, daſs in der Periode von 1875—83 — obgleich mehr als die Hälfte der Gesamteinfuhr von 40 943 000 Cwts. den englischen Markt überschwemmte — doch in dieser ganzen Zeit die Preise für importierten Weizen nur von 47 sh 11 d auf 45 sh fielen!

Gegen Anfang der siebziger Jahre bezog England vom Auslande ungefähr so viel Weizen wie es selbst produzierte, ca. 12 Millionen Quartres. Seitdem aber hat sich das Verhältnis fortwährend verschoben: der einheimische Weizen ist progressiv durch den fremden verdrängt worden, so daſs heute (d. h. 1893 5) über 75 % des gesamten englischen Weizenvorrates aus dem Auslande stammen. Hieraus erklärt es sich, daſs sich die Preise unausgesetzt auf abschüssiger Bahn bewegten und daſs infolgedessen das Weizenareal Englands, das 1873 5 noch 3,671 Millionen Acres ausmachte, 1893 5 auf 1,794 Millionen Acres zusammengeschmolzen war.

Bei weitem die gröſste Menge des importierten Weizens (immer

inkl. Mehl) stammt aus den Vereinigten Staaten; auf sie allein entfallen 1893/5 50,3 % des Gesamtimports. Dann kommen Rußland
und Indien, zusammen mit 23—25 %, und an sie schließt sich der
jüngste Massenlieferant für den Weltmarkt, Argentinien, mit 11 %
des Imports für 1893 5 an. Die europäischen Länder, die vor dem
Einbruch der transatlantischen Konkurrenz England mit Getreide ver-
proviantierten, spielen jetzt fast gar keine Rolle mehr. Sie haben nur
noch 4,7 % der Weizeneinfuhr behalten. Die großen Massenlieferungen
gehen heute von den peripheren Zonen des Weltmarktes aus.

Betrachten wir nun kurz Umfang, Bedingungen und Aussichten
der Weizenproduktion in den erwähnten, für den englischen Getreide-
markt arbeitenden Ländern. In den Vereinigten Staaten hat von
1880—90 die bestellte Fläche der westlichen Staaten ungefähr um
das Doppelte zugenommen, dagegen hat sich namentlich in den centralen, aber auch in den östlichen Staatsgebieten eine Abnahme bemerklich gemacht. Zieht man die gesamte mit Weizen bestellte Fläche
in Betracht, so zeigt sich nach den von dem Agricultural Department
in Washington mitgeteilten Zahlen, daß sich von 1880/2 bis 1893/5
das Weizenareal von ca. 37 600 000 Acres auf ca. 34 500 000 Acres
vermindert hat. Doch würde eine kleine Verbesserung in den Weizenpreisen auf dem Londoner Markt sofort beantwortet werden durch die
Wiederbestellung des früher mit Weizen bebauten Landes.

Die Produktionskosten dieses amerikanischen Weizens sind sehr
geringe. Nach den Mitteilungen des auswärtigen Amts haben sich
in vielen westlichen und Pacificstaaten ungeheure Latifundien (immense
farms) gebildet, die Maschinen und Arbeit mit außerordentlichem
Vorteil verwenden können und unter so günstigen Bedingungen produzieren, daß sie imstande sind, einen enormen Überschuß billigen
Weizens auf den Weltmarkt zu werfen. Diese Riesenfarmen haben
z. B. in Nord- und Süd-Dakota die Produktionskosten des Weizens
auf ca. 35 Cents (1 sh 5 d) per Bushel einer Durchschnittsernte herab-
gedrückt.

Im allgemeinen belaufen sich nach den Untersuchungen des Agri-
kultur-Departements in Washington die Kosten der Weizenkultur auf
45 sh per Acre in den westlichen, bis zu 85 sh in den östlichen
Staaten. Die neu erschlossenen Gebiete produzieren demnach viel
billiger. Der Reinverdienst (net advantage), den der Weizenproduzent
der westlichen Staaten Amerikas in Bezug auf den englischen Weizenbau besitzt, wird auf 40 sh per Acre geschätzt. Der erstere baut
also seinen Weizen um diese Summe billiger als sein Kollege in England.

Trotz der enormen Verbilligung des Weizens ist die Produktion desselben in den Vereinigten Staaten immer noch lohnend. Wie lange diese Konkurrenz in ihrer jetzigen Strenge anhalten wird, läfst sich schwer sagen. Die Kommission führt an erster Stelle die Meinung von Mr. Gough von der englischen Gesandtschaft in Washington an, wonach der britische Farmer in Zukunft wahrscheinlich mit demselben Wettbewerb zu rechnen haben wird als bisher, nicht nur in Weizen, sondern auch in Fleisch und Molkereiprodukten. Die Krisis würde sich noch verschärfen durch eine weitere Abnahme der Produktionskosten oder durch eine Änderung der Währung der Vereinigten Staaten. Mr. Atkinson, ein Sachverständiger aus Boston (Mass.), behauptet, dafs, solange der Quarter Weizen in London 25 sh kostet, die amerikanische Zufuhr andauere, bei einem Steigen des Preises auf 30 sh aber enorm wachsen werde. Andrerseits glaubt ein Mr. Clay jun. aus Chicago, der auch befragt wurde, nicht, dafs die Dinge so weiter gehen könnten; zu Preisen von unter 25 sh könnten die Zufuhren nicht aufrecht erhalten werden.

Rufsland ist der zweitgröfste Konkurrent auf dem englischen Weizenmarkt. In diesem Lande ist die in Kultur genommene Weizenfläche und damit auch der Ertrag bedeutend gestiegen und der Export zeigt eine Tendenz in derselben Richtung. Sollten auch die Preise noch tiefer sinken als bisher, sagt Mr. O'Beirne, ehemaliger englischer Gesandter in Petersburg, so wird doch der Export weitere Fortschritte machen, denn die Wirtschaftsmethoden sind noch sehr verbesserungsfähig und noch harren grofse Flächen fruchtbaren Bodens des Pfluges. Ein Fortschritt nach diesen beiden Richtungen hin vollzieht sich naturgemäfs nur allmählich und so wird man mit Recht schliefsen dürfen, dafs auch das Wachstum der Produktion und des Exports nur äufserst langsam und zögernd gröfsere Dimensionen annehmen wird. Von Mr. Harris wird noch besonders betont, dafs der Export russischen Weizens durch das Sinken des Wertes des Papierrubels stimuliert werde.

Über Sibirien macht die Kommission noch keine Mitteilungen. Denn vorläufig partizipiert es noch nicht an der Versorgung des Weltmarktes. Sobald aber die Stunde seiner Erschliefsung schlägt, werden auch aus jenem dünnbevölkerten Gebiet Getreidemengen mit der sibirischen Eisenbahn nach dem Westen hin abfliefsen.

An dritter Stelle tritt Argentinien in die Schranken des Wettbewerbs. Die Weizenkultur der Zukunft findet hier noch ein enormes Expansionsgebiet. Jetzt sind ca. 15 Millionen Acres in Bebauung.

Von der 1 212 600 □Meilen grofsen Gesamtfläche aber sind noch
ca. 375 000 □Meilen oder 240 Millionen Acres für den Anbau des
Weizens geeignet. Daher dürfte — zumal die Produktionskosten,
wie wir noch sehen werden, aufserordentlich geringe sind — die Ausfuhr weiter steigen. Die Kultur jungfräulichen Bodens hat sich von
Jahr zu Jahr immer weiter ausgedehnt. Das schnelle Tempo dieser
Entwicklung spiegelt sich wieder in den schroff ansteigenden Ausfuhr-
mengen für Weizen. Dieselben betrugen

1889	456 000	Cwts
91	7 900 000	„
92	9 400 000	„
93	20 160 000	„
94	32 160 000	„

In solchem Mafse überflutet Argentinien Europa mit Weizen.

Die Produktionskosten belaufen sich nach Mr. Gastrell, kgl. Vize-
konsul in Buenos Ayres, auf etwa 1 sh 5 d per Bushel für das Jahr 1893.
Mr. Peel sagt bei der Erörterung dieser Frage: „Kein anderes Land
in der Welt vermag einen Quarter Weizen billiger zu produzieren."
Er schätzt in einem guten Jahre die Kosten, die ein Quarter Weizen
inkl. Lieferung nach der Station macht, auf ungefähr 8 sh.

Das Journal of Commerce in New-York veröffentlichte vor einiger
Zeit Feststellungen über die Kosten des Weizens in gewissen Provinzen
Argentiniens bis zur Ausschiffung. Daraus seien hervorgehoben die
Erfahrungen eines Farmers aus der Provinz Santa Fé. Seine Rechnung
basiert auf der Annahme des sehr niedrigen Ernteertrages von 13 Bushel
per Acre. Es wird nun gezeigt, dafs die Produktionskosten des Weizens
bis zur Lieferung nach dem Hafen von Rosario inkl. Saatgut, Säcke,
Arbeit, Provinzialweizenabgabe, Grundzins, Transportkosten etc. nur
35 Cents pro Bushel oder 11—12 sh pro Quarter ausmachen. Was
er über 35 Cents von dem Exporteur empfängt, ist sein Profit. Eine
Ernte von nur 13 Bushels indessen ist sehr klein, der Durchschnitt beträgt meistens mehr als 20 Bushels. Legt man d i e s e Zahl zu Grunde,
dann stellen sich die Produktionskosten dementsprechend niedriger
als 35 Cents.

Der Preis des Landes, das in der Nachbarschaft der Weizen-
felder dieses Farmers liegt, stellte sich auf ca. 1 £ per Acre.

Der Export Argentiniens nach England betrug im Durchschnitt
(der drei Jahre)

<pre>
1890/2 noch   2 900 000 Cwts.
1893   bereits 7 860 000   „
1894   „   13 284 000   „
1895   „   11 400 000   „
</pre>

Von einigen Zeugen wird die Entwertung des argentinischen Papiergeldes verantwortlich gemacht für das Steigen der argentinischen Konkurrenz auf dem englischen Markt.

Das dem auswärtigen Amt übermittelte Gutachten fafst die Lage und die Aussichten wie folgt zusammen: „So lange in London der Quarter Weizen noch für 20 sh verkauft wird, kann der Farmer in Argentinien noch mit Profit exportieren. Er ist befähigt dazu infolge der hohen Goldprämie. Würden die Weizenpreise tiefer fallen oder die Goldprämie sinken, so würde er genötigt sein, zu einer rentableren Produktion überzugehen . . . Heute aber steht ihm kein anderer Weg offen, er mufs seine Produktion anwachsen lassen und durch die Menge den Ausfall im Werte zu decken suchen."

Wir wenden uns nunmehr zu der Versorgung des englischen Getreidemarktes mit G e r s t e. Der Bruttoimport hierin stellte sich nach Masse und Wert folgendermafsen:

Jahr	Einfuhr	im Werte von
1875/7	11 261 000 Cwts.	4 593 000 £
78/80	12 470 000 „	5 119 000 „
81/3	13 936 000 „	5 113 000 „
84/6	14 011 000 „	4 238 000 „
87/9	17 649 000 „	4 932 000 „
90/2	16 140 000 „	5 080 000 „
93/5	25 902 000 „	6 135 000 „

Bis zum Jahre 1893 zeigt sich ein langsames Anwachsen, in den folgenden Jahren aber ein plötzliches in die Höheschnellen. Die Erklärung hierfür bietet der durch die Dürre des Jahres entstandene Ausfall an Futtermitteln, der zu einem gröfseren Verbrauch an Gerste führte. Bis zu diesem Zeitpunkt importierte man seit Mitte der 80 er Jahre nach dem vereinigten Königreich etliche 30 % vom Gesamtvorrat an Gerste, in den folgenden Jahren aber betrug der Nettoimport über 40 % des Gesamtvorrats.[1]

---

[1] Das heimische Gerstenareal ist seit Mitte der 80 er Jahre ungefähr dasselbe geblieben: 2,2 Millionen Acres. Dem entsprechend hat sich auch die Produktion ziemlich gleichmäfsig gestaltet; sie betrug pro Jahr immer etwas über 9 Millionen Quarters.

Woher stammt nun diese importierte Gerste? Sie stammt fast durchweg vom Kontinent; aufsereuropäische Länder sind selbst 1893/5 nur mit etwa 10 $\%$ an der Gesamtzufuhr beteiligt. Der Hauptlieferant ist Rufsland. Die russische Gersteneinfuhr betrug 1875/7 erst 16,6 $\%$ und steigerte sich dann fortwährend, so dafs sie 1893/5 bereits 59,6 $\%$ aller von dem Königreich eingeführten Gerste ausmachte.

Während so die russische Gerste von Jahr zu Jahr in immer gröfserem Mafse nach England strömte, ging der Gerstenimport aus Deutschland, Frankreich und Skandinavien successive zurück. Diese Länder partizipierten 1875/7 noch mit einer Einfuhr von über 40 $\%$, 1878/80 sogar mit über 50 $\%$ an der Gesamtzufuhr; [1]) heute d. h. 1893/5 beteiligen sie sich nur noch mit etwas über 7 $\%$ an der Deckung des Gerstenbedarfs auf dem britischen Markt. Nur die Türkei, Rumänien und Bulgarien liefern noch ansehnliche Mengen. Die treibenden Kräfte dieser Entwicklung liegen in den verschiedenen Preisverhältnissen begründet. Dafs die russische Gerste die anderer europäischer Länder im Mitbewerb geschlagen und immer mehr vom englischen Markt verdrängt hat, ist zurückzuführen auf ihren kolossal billigen Preis. Kein Land der Welt vermag die Gerste so billig zu produzieren wie Rufsland. Im Durchschnitt der Jahre 1888—95 kostete der Quarter (zu 400 lbs. gerechnet):

Britische Gerste		26 sh	5 d
Holländische Importgerste		29 „	2 „
Österreichische	„	29 „	0 „
Deutsche	„	28 „	2 „
Französische	„	27 „	4 „
Dänische	„	26 „	1 „
Schwedische	„	25 „	9 „
Türkische	„	22 „	1 „
Rumänische	„	19 „	8 „
Russische	„	17 „	5 „

Wie aus dieser Zusammenstellung hervorgeht, stehen holländische und österreichische Gerste an erster Stelle; die kleinen Quantitäten, die aus diesen Ländern sowie aus Deutschland und Frankreich auf dem englischen Markt erscheinen, haben durchschnittlich einen höheren Preis als die englischen Gerstensorten. Diese ersten hochwertigen Qualitäten dienen hauptsächlich zum Malzen. Ihnen gegenüber steht

---

[1]) Einschliefslich österreichischer Gerste, deren Zufuhrmengen bis 1882 nicht getrennt aufgeführt werden.

die aufserordentlich billige russische Gerste. deren Qualität natürlich gering ist und die hauptsächlich bei der Viehfütterung Verwertung findet.

Wir haben also gezeigt, dafs abgesehen von den letzten Jahren die Expansion des Gerstenimports nur klein und unbedeutend gewesen ist; dabei ist aber wichtig, dafs sich der Schwerpunkt des Import- handels nach jenen Produktionscentren verlegt hat, die eine sehr billige, allerdings minderwertige Gerste erzeugen und auf den Markt werfen können. Auf diese Weise ist es Rufsland gelungen. alle anderen Länder im Preise zu unterbieten und dadurch den Nieder- gang der westeuropäischen Ausfuhr herbeizuführen.

An dritter Stelle wäre die Einfuhr des H a f e r s nach dem ver- einigten Königreich in Betracht zu ziehen. Dieselbe belief sich im Durchschnitt auf

	Gesamtmenge	im Werte von
1875 7	12 186 000 Cwts.	5 007 000 £
78 80	13 358 000 ,,	4 663 000 ,.
81 3	13 033 000 .,	4 463 000 .,
84 6	13 155 000 ,	4 139 000 ,,
87 9	16 408 000 .,	4 186 000 ,.
90 2	14 996 000 .,	4 798 000 ,.
93 5	14 821 000 .,	3 974 000 ,,

Der Bruttoimport ist, wie aus diesen Zahlen hervorgeht, in den letzten 20 Jahren um nahezu 25 $^0/_0$ gewachsen. Das Verhältnis des Nettoimports aber zum Gesamtbedarf hat sich während der letzten Dekade relativ etwas vermindert. Es stieg nämlich die heimische Produktion von ca. 20 Millionen Quarters (1886 8) auf 22,1 Millionen Quarters (1893 5) und der durchschnittliche Jahresgesamtvorrat an Hafer von 25,6 auf 27,4 Millionen Quarters in derselben Periode. Folglich ist der durchschnittliche jährliche Reinimport von 5,6 Millionen (1886 8) auf 5,3 Millionen Quarters (1893 5) gesunken. Es sind also heute noch ca. 20 % fremden Hafers zur Deckung des heimischen Gesamtverbrauchs nötig.

Die beiden Hauptquellen für die Zufuhr sind Rufsland und Schweden. Diese beiden Länder liefern 70 $^0/_0$ des gesamten aus- ländischen Hafers und Rufsland bei weitem den gröfseren Teil.

Der Preis betrug im Durchschnitt der Jahre 1888/95 für

	britischen	Hafer	18 sh 5 d
import.	russischen	,.	16 ., 3 ,.
..	schwedischen	..	17 ,, 2 .,

Von anderen Cerealien kommen hauptsächlich noch Mais, Reis,

4*

Buchweizen, Bohnen und Erbsen in Betracht. Die Einfuhr dieser Produkte hat ohne Zweifel auch einen Einfluß auf die Preise, indem die erwähnten Leguminosen in direkten Wettbewerb mit den britischen treten, die übrigen Erzeugnisse als Surrogate auf den Preis ähnlicher Nahrungs- und Futtermittel influieren.

Der durchschnittliche Jahresimport nach Menge und Wert weist folgende Steigerungen auf:

	1875/7	1893/5
Mais	30 303 222 Cwts.	34 070 632 Cwts.
	10 245 520 £	—7 884 579 £
Reis	227 883 Cwts.	897 273 Cwts.
	89 247 £	209 739 £
Buchweizen	72 444 Cwts.	125 584 Cwts.
	26 236 £	36 105 £
Bohnen	4 218 559 Cwts.	4 445 806 Cwts.
	1 701 662 £	—1 184 478 £
Erbsen	1 582 674 Cwts.	2 332 639 Cwts.
	700 643 £	— 690 105 £

Diese Zahlen bedürfen keiner weiteren Erläuterung.

2. Vieh und Fleisch.

Wir wenden uns nunmehr zu den Verhältnissen, unter denen der Fleischimporthandel arbeitet.

Daß die Einfuhr an lebenden Tieren, sowie an Rind-, Hammel- und Schweinefleisch in den letzten 20 Jahren stark zugenommen hat, läßt sich mit Hilfe der Statistik leicht erweisen.[1]

In derselben Zeit aber ist die englische Vieh- und Fleischpro- duktion ziemlich stationär geblieben.[2]

---

[1] Wir sehen von einer Wiedergabe der speziellen Statistik lebendig impor- tierter Tiere ab, da dieselbe die ökonomischen Verhältnisse nicht rein wieder- spiegelt, sondern infolge häufiger veterinärpolizeilicher Maßregeln nur ein schwan- kendes Bild ergiebt. Die größten Fluktuationen weist die Entwicklung des Imports lebender Schafe auf. Die Zufuhren lebender Schweine sind außerdem seit 1890 ganz unbedeutend geworden.

[2] Die Tabelle entstammt dem Report of Select Committee on Marking of Foreign Meat H. C. 121.

| | heimische Produktion in 1000 tons | | | | Fremde Einfuhr in 1000 tons | | | |
	Rind- u. Kalbfleisch	Hammel- u. Lammfleisch	Schweinefl. Speck u. Schinken	Sa.:	Tot	Lebendig	Sa.:	Gesamtsumme
1878/8	657	404	265	1 326	246	90	336	1 662
77 9	658	404	253	1 315	288	90	378	1 693
78/80	661	396	227	1 284	341	111	452	1 736
79 81	664	377	213	1 254	355	118	473	1 727
80 2	661	357	231	1 249	317	126	443	1 692
81/3	666	349	257	1 272	292	135	427	1 699
82 4	678	355	274	1 307	275	144	419	1 726
83 5	701	366	268	1 335	309	147	456	1 791
84 6	718	368	257	1 343	320	132	452	1 795
85 7	723	368	253	1 344	333	121	454	1 798
86 8	710	364	255	1 329	333	124	457	1 786
87 9	696	366	265	1 327	363	146	509	1 836
88 90	699	376	280	1 355	419	179	598	1 953
89 91	723	395	290	1 408	470	191	661	2 069
90 92	751	412	275	1 438	504	187	691	2 129
91 3	761	412	250	1 423	493	157	650	2 073
92 4	748	398	239	1 385	507	160	667	2 052
93 5	731	382	261	1 374	532	157	689	2 063

Während die heimische Fleischproduktion keine wesentlichen Änderungen zeigt, hat sich der Import an fremdem Fleisch (inkl. der lebend eingeführten Tiere) ungefähr verdoppelt. Pro Kopf der Bevölkerung des vereinigten Königreichs ist er durchschnittlich von ca. 22 lbs. im Jahre 1876 8 auf 40 lbs. für 1893 5 gestiegen. Weiter geht aus der Tabelle hervor, dafs die Einfuhr von Fleisch stärker gewachsen ist als die lebenden Viehes.

Vergleicht man, wie im Bericht der Kommission näher ausgeführt, den Anteil des Imports mit der Gesamtquantität an Fleisch, die alljährlich in dem vereinigten Königreich konsumiert wird, so ergiebt sich, dafs durch fremde Zufuhr seit 1890 annähernd 28—29 % des Gesamtbedarfs an Rindfleisch gedeckt wurden. Die Menge des importierten Hammel-fleisches schwankte während der letzten sechs Jahre von unter 20 bis über 30 % des gesamten zur Befriedigung dienenden Hammelfleisch-bedarfes — wenn man aber von den besonders hohen Importen der Jahre 1894 u. 95 absieht, nur zwischen ca. 18—20 %. Die Zufuhren ausländischen Schweinefleisches (wovon über 90 % in der Form von Speck und Schinken versandt werden) repräsentieren ungefähr bis 49 % des Gesamtvorrats an Schweinefleisch, welches alljährlich in Grofsbritannien und Irland verzehrt wird. Etwa 30 % des Gesamtbedarfs an Fleisch und lebenden Tieren (in Gewicht ausgedrückt) stammen aus dem Auslande.

Wer sind nun die grofsen Versorger des englischen Fleischmarktes? Es hat eine Zeit gegeben, wo Europa der alleinige Träger der Viehausfubr nach England war. Noch im Jahre 1876 lieferte es 99 % des Hornviehs. Von diesem Jahre an aber ist sein Export fortwährend gesunken, bis er schliefslich im Jahre 1893 unter 1 % betrug.

An Stelle Europas haben die Vereinigten Staaten die führende Rolle in dem internationalen Vieh- und Fleischhandel nach England eingenommen. Sie beherrschen mit ca. 80 % des importierten Rindfleisches (inkl. lebender Rinder) und eines gleich hohen Anteils an dem Import von Schweinefleisch (Speck, Schinken) die gesamte Zufuhr. Ihr Import an lebenden Schafen jedoch betrug 1894/5 nur 40 %, denn in Bezug auf diese Vieh- und Fleischgattung hat ihnen seit 1883 in erster Linie Australien und in zweiter Argentinien den Rang abgelaufen.

Von grofser Wichtigkeit auch für die deutsche Landwirtschaft ist die Frage nach den Aussichten, die die Fleischproduktion und damit der Fleischexport dieser Länder in Zukunft haben.

Zur Beurteilung dieser Verhältnisse zunächst in den Vereinigten Staaten mögen folgende Zahlen dienen, die das Wachstum der Bevölkerung und die Viehbestände in einzelnen Zeiträumen angeben.[1]

in Millionen Stück

Jahr	Bevölkerung	Kühe	Ochsen etc.	Schafe	Schweine (pigs)
1870	38,5	10,1	15,4	40,8	26,7
1880	50,2	12,0	21,2	40,8	34,0
1890	62,6	15,9	36,8	44,3	51,6
1895	69,7	16,5	34,4	42,3	44,2

Hieraus ergiebt sich, dafs Ochsen und anderes Rindvieh, die die Hauptmasse des Exports bilden, von 1870—90 von 399 auf 580 pro 1000 Personen gewachsen sind. Von 1890—95 aber sind diese Zahlen auf 493 pro 1000 Köpfe der Bevölkerung gefallen. Denn während dieser Zeit, in der sich die Bevölkerung von ca. 62$\frac{1}{2}$ auf ca. 69$\frac{1}{2}$ Millionen Seelen vermehrte, ist nur die Zahl der Kühe gestiegen, die der Ochsen, Schafe und Schweine dagegen zurückgegangen. Der Grund hierfür liegt in der Abwärtsbewegung der Fleischpreise, die sich in den letzten Jahren, wie wir bereits früher sahen, so stark verschärft hat.

Aus dieser Reduktion des Viehstapels läfst sich der Schlufs

---

[1] Siehe Journal of Boord of Agr. March 1896. p. 451.

ziehen, dafs eine Steigerung des Wettbewerbs im Handel mit Rindfleisch aus den Vereinigten Staaten vorläufig nicht zu erwarten ist,
wenn nicht etwa ein Anziehen der Preise der Stimulus für eine weitere
Ausdehnung des Exports würde. Man darf aber nicht vergessen, dafs
die Vereinigten Staaten noch unendlich viel mehr Vieh produzieren
können als sie jetzt besitzen. Entscheidend für die Zukunft sind
also nicht so sehr die natürlichen Bedingungen, die Kapazität des
Landes, als vielmehr die ökonomischen Verhältnisse des Marktes, die
Fleischpreise.

Die Kosten für den Export lebenden Viehes nach England stellen
sich nach den Mitteilungen des englischen Gesandten Mr. O'Beirne
in Washington folgendermafsen dar. In den grofsen Viehstaaten im
Westen des Mississippi wird das beste Vieh im Alter von 3—4 Jahren
ausgesucht und auf den Markt von Chicago gebracht. Dort wird es
von grofsen Exportfirmen, namentlich Schlacht- und Versandthäusern
(slaughtering and packing houses) angekauft und nach London, Liverpool oder Glasgow verfrachtet, wo es dann unter dem Preise des
gleichklassischen englischen Fleisches abgesetzt wird. Die Ausgaben
für den Export von Chicago nach dem englischen Markt betragen
20—25 Dollars (4—5 £) pro Kopf. Die einzelnen Posten sind etwa
folgende:

	Dol.	C.
Eisenbahnfracht von Chicago nach New York	7	0
Futter auf der Fahrt über den Ozean	3	0
Schiffsfracht	9	0
Versicherung	0	85
Pflege und Wartung	1	0
Kommissionsgebühren etc. auf englischer Seite	3	0
Nebensächliche Ausgaben	1	0
	24	85

Ein Unterschied von 6—7 C (3—4 $\frac{1}{2}$ d) pro lbs. zwischen dem
Preis in Chicago, und dem in England ist für den Exporteur
bereits ein anständiger Gewinn. Eine Preisdifferenz von mehr als
7 C. aber hat unmittelbar die Wirkung, die Exportverkäufe in Chicago
anzuregen. Ist jedoch die Differenz unter 6 C., so tritt das Gegenteil
ein: der Export wird zu einem verlustbringenden Geschäft. Wir
sehen also, dafs bereits kleine Änderungen der Preise auf dem englischen Markte genügen, um grofse Reflexwirkungen auf dem Gebiete
des amerikanischen Fleischexports hervorzurufen.

Anders als in den Vereinigten Staaten liegen die Chancen in
Argentinien, dessen Vieh- und Fleischexport nach Brasilien und

Europa erst in diesem Jahrzehnt aufgeblüht ist. Der Export aus Argentinien betrug:

1890	insgesamt			nach England		
1890	150 003	Stück Rindvieh		653	Stück Rindvieh	
91	171 105	„	„	4 190	„	„
92	125 458	„	„	3 500	„	„
93	201 645	„	„	6 884	„	„
94	220 490	„	„	9 546	„	„

Diese steigenden Exportziffern für Rindvieh lassen sich, wie Mr. Brett, ein Grofsgrundbesitzer in der Provinz Santa Fé, der 35 Jahre in der Republik gewohnt hat, angiebt, daraus erklären, dafs das Land für die Viehzucht aufserordentlich günstige Verhältnisse bietet. Das Vieh bleibt Sommer und Winter im Freien; es braucht keine Behausung und keine Handfütterung. Auf grofsen Luzernefeldern werden die 4—6 Monate alten Tiere fett gemacht. Nach einem Bericht des auswärtigen Amtes reichen 4 Acres guten Luzernelandes für 2 Tiere im Winter und für 4 im Sommer aus. In einem Jahre können auf 400 Acres Luzerne 500 Stiere gemästet werden. Die Luzernekulturen haben sich ungeheuer ausgedehnt. 1883 umfafsten sie nach den Agricultural Returns erst 352 000 Acres, 1892 aber bereits 1 635 000 Acres. Mr. Brett macht sich anheischig, mindestens doppelt so viel Vieh auf einer gegebenen Fläche zu mästen, als man in irgend einem anderen Lande imstande wäre. Soll die Luzerne oder Alfalfa, wie man sie dort nennt, zu Heu gemacht werden, so verlangt er 5 Ernten in einem Jahre von 10—12 tons. Diese Luzernekulturen haben deshalb eine so grofse Ausdehnung erlangt, weil sie unabhängig von der Dürre sind, denn ihre Wurzeln wachsen in dem tiefen Untergrund 20 Fufs unter der Oberfläche im Wasser.

Man schätzt gegenwärtig den Reichtum der Argentinischen Republik an Rindvieh auf 25 Millionen Stück. Mr. Gibson, ein grofser Grundeigentümer und Autor eines auch im Auslande bekannten Werkes über Schafwirtschaft, hält die Entwicklung der Viehzucht in der Republik für ebenso unbegrenzt, wie die des Ackerbaues. „Es giebt noch," sagt er,[1] „ungeheure Strecken Landes im Norden der Provinz Santa Fé, in dem Territorium der Central-Pampas und dem ganzen Süden der Republik, die fähig sind, Massenvieh zu billigen Preisen zu liefern und die jetzt noch unbevölkert sind. Es ist indessen schwer, die Grenze des luzernefähigen Landes anzugeben. Somit ist einerseits Raum vorhanden, eine Masse Tiere zu produzieren

---

[1] Siehe Apendix zum Final Report pag. 40.

in viel gröfserer Anzahl als die Republik es jetzt thut und zu Preisen, welche tiefer fallen können und doch noch einträglich sind für den Züchter; andrerseits aber gestattet die Ausbreitung der Alfalfakulturen, diese Viehherden aufzunehmen und sie zu präparieren für den Konsummarkt. Ich glaube daher mit Recht behaupten zu können, dafs die Argentinische Republik soviel hervorbringen kann, um den Fleischhandel der ganzen Welt zu unterbieten und als einziger Viehlieferant zurückzubleiben."

Eine vielleicht noch gröfsere Aufmerksamkeit als seinen Rindviehherden widmet der argentinische Farmer seinen Schafherden. Man schätzt den gegenwärtigen Bestand des ganzen Landes auf 80 Millionen Stück. Die Geschichte der argentinischen Schafzucht, so jung sie noch ist, weist doch schon eine tief eingreifende Änderung auf. Bis 1880 sah man fast nur Merinoherden. Als aber um diese Zeit die Kälteindustrie die Herstellung gefrorenen Fleisches mit Erfolg einzuführen begann, wurde die alte Zuchtrichtung verlassen. Nicht mehr auf Wolle-, sondern auf Fleischproduktion zielte man hinaus. Dieser grofse Umschwung, der zwischen 1884 und 94 immer gröfsere Kreise zog, hatte die Verwandlung von etwa 30 Millionen Merinos in Lincolnschafe zur Folge gehabt.

Dem Export sind unterworfen lebende Schafe und vor allem grofse Quantitäten gefrorenen Fleisches. Von den ersteren geht der gröfsere Teil nach dem vereinigten Königreich. Das Minimallebendgewicht, das der Exporteur fordert, beträgt 132 lbs., der Preis für einen Hammel in Buenos Ayres stellt sich auf 12 sh. Bis ganz vor kurzem aber lag der Schwerpunkt des argentinischen Exportgewerbes im Handel mit gefrorenem Hammelfleisch. Die Einfuhr nach Grofsbritannien betrug 1883 erst 200 tons, 1895 aber 35 750 tons. In neuester Zeit aber ist der Engrospreis für gefrorenes Hammelfleisch auf das unglaublich niedrige Nieveau von 1 sh 8 d per 10 lbs. in England gefallen. Mr. Peel sieht hierin eine ernste Gefahr für das Fleischexportgewerbe Argentiniens. Von dem importierten Fleisch steht namentlich das Hammelfleisch auf dem englischen Markt tiefer im Preise als das heimische. Es hat vornehmlich dem englischen Fleisch zweiter Klasse Konkurrenz gemacht, dagegen die besten heimischen Qualitäten weniger gedrückt.

Auch Australien und Neuseeland dehnen ihre Fleischproduktion nach Möglichkeit aus und suchen in Europa, namentlich in England, neue Absatzmärkte zu gewinnen. Nähere Mitteilungen fehlen leider.

Wir haben im Vorhergehenden zu zeigen versucht, dafs das

Material für den Fleischkonsum der britischen Bevölkerung seit den letzten 20 Jahren in steigendem Mafse vom Auslande geliefert wird, dafs aber diese Lieferung z. Z. doch nicht mehr als ca. 30 $^0/_0$ des Gesamtbedarfs an Fleisch jeder Art ausmachen. Eine gröfsere Entwicklung des Imports an Fleisch ist ohne Zweifel möglich, steht aber unter den gegenwärtigen Verhältnissen vielleicht nicht zu erwarten. Denn so lange die Preise für Rind- und Hammelfleisch so niedrig sind wie 1895/6, kann man annehmen, dafs der Fleischexport der Vereinigten Staaten seine jetzigen Dimensionen nicht überschreiten wird. Von Argentinien allerdings ist es nicht ganz ausgeschlossen, dafs der Export in Zukunft gröfsere Proportionen annimmt. Durch die enorme Verbilligung des Fleisches ist allerdings der Konsum desselben bedeutend gestiegen. Aber die englische Produktion hat darunter gelitten. Es ist naturgemäfs, dafs die Gegenwart grofser Quantitäten billigen ausländischen Fleisches einen deprimierenden Einflufs ausübte vornämlich auf den Preis der niedrigen und mittleren englischen Sorten.

Wir sehen aus diesen Erörterungen, dafs sich die in Deutschland vielfach gehegte Annahme nicht bewahrheitet hat, Grofsbritannien werde zwar die Erzeugung seines Bedarfs an Brotgetreide aufgeben müssen, dafür aber in der Versorgung des eignen Marktes mit Fleisch einen Ersatz finden. Diese Auffassung ist von der Entwickelung Lügen gestraft worden.

3. Wolle, Molkereiprodukte.

An dritter Stelle wäre des Importhandels mit **Wolle** zu gedenken. Während der letzten 20 Jahre hat sich die Einfuhr in das vereinigte Königreich in diesem Artikel nahezu verdoppelt. Es betrug der jährliche Durchschnittsimport an Schaf- und Lammwolle:

1875/7	384614000	lbs.	im Werte von	23444111	£
78 80	423073000	„	„ „ „	24088000	„
81 83	475627000	„ „	„ „	25151000	„
84 86	537438000	„ „	„ „	23128000	„
87 9	634712000	„ „	„ „	26150000	„
90 2	694319000	„ „	„ „	27209000	„
93 5	714756000	„ „	„ „	25085000	„

Allerdings wurde ein Teil davon wieder ausgeführt. Gegenwärtig stammen von je 100 Pfund Schaf- und Lammwolle, die jährlich im vereinigten Königreich gebraucht werden, ca. 70 Pfund von aufserhalb. Der jährliche Durchschnittsvorrat aus der heimischen Produktion verminderte sich pro Kopf der Bevölkerung von 4,31 lbs. (1876/8) auf

3,24 lbs. 1893,5, während der des Imports in derselben Zeit von 6,24 lbs. auf 9,02 lbs. stieg. Die Hauptlieferanten für fremde Wolle sind die australischen Kolonieen. Über 70 %, der Gesamteinfuhr stammte (1893 5) aus diesen Gebieten. In weit geringerem Mafse, nur zu etwa 10 °/₀, tragen die britischen Besitzungen in Südafrika zur Versorgung des englischen Wollmarktes bei.

Wegen der verschiedenen Wollqualitäten, dem Wechsel der Mode etc. ist es schwierig, den Einfluſs der Preise fremder Wolle auf das heimische Erzeugnis festzustellen. Die gröfsere Masse der aus Australien kommenden Wolle z. B. ist Merino, eine Varietät, welche nur indirekt den Wert der britischen und irischen Wolle berührt. Mit Vorbehalten der eben erwähnten Art kann man sagen, daſs der Preis der englischen Wolle mit den Bewegungen in dem Werte eingeführter Wolle korrespondiert hat.

Von grofsem Interesse ist weiter die Ausdehnung des fremden Wettbewerbes in Molkereiprodukten.

Der Nettoimport von Butter und Margarine [1] in das vereinigte Königreich betrug im Jahre

1876: 1 604 000 Cwts.

und stieg successive bis

1895 auf 3 672 000 Cwts.

Seit 1887 sind sich die eingeführten Margarinemengen ziemlich gleich geblieben. Sie betrugen etwas über 1 Million engl. Centner, während die Mengen importierter Butter von ca. 1 ¹⁄₂ auf über 2 ¹⁄₂ Millionen Cwts. bis 1895 stiegen. Per Kopf der Bevölkerung vergröfserte sich der Konsum fremder Butter von 5,4 lbs. 1876 bis 10,5 lbs. 1895.

Drei Länder sind es, die heute den englischen Buttermarkt durch ihre Lieferungen beherrschen. Die Hauptmasse von über 50 % der Gesamtzufuhr stammt von Skandinavien. In zweiter Linie tritt Frankreich und in dritter seit 1894 Australien auf den Plan. Prozentual verteilte sich das Verhältnis des jährlichen Totalimports an Butter 1895 wie folgt:

Skandinavien	{ Dänemark	41,1
	{ Norwegen u. Schweden	11,5
Frankreich		16,1
Australien		11,1
Holland		6,8
Deutschland		4,0
Andere Länder		9,4
		100

---

[1] Erst seit 1886 sind Butter und Margarine getrennt aufgeführt.

Hervorzuheben ist, dafs Australien seine Butter am billigsten produziert. 1895 wurde im Durchschnitt bezahlt für

französische Butter	5.37 £ per Cwt.	
dänische „	5,12 „ „ „
australische „	4,55 „ „ „
Durchschnittspreis sämtlicher Importbutter	5.04 „ „ „

Eine genauere Statistik für weitere Vergleiche fehlt.

Dafs Dänemark die erste Stelle in dem Butterhandel mit England einnimmt, ist gröfstenteils zurückzuführen auf die Ausdehnung des Genossenschaftswesens (co-operative system). Dasselbe hat in Dänemark, soweit es das Molkereiwesen betrifft, grofsartige Erfolge gefeiert. Die Zahl der Genossenschaftsmolkereien beträgt etwa 1000. Der Reinexport an Butter betrug 1882/3 29 Millionen lbs. und stieg in einem Zeitraum von 10 Jahren auf 79 Millionen lbs. Mit dem Wachsen des Exports an Butter ist in Dänemark selbst der Konsum an Margarine und schlechter Butter gestiegen, damit die besseren Qualitäten für den Export frei werden.

Während in Dänemark die Genossenschaften der Stimulus für eine Hebung des Molkereiwesens und damit des Butterexports wurden, war es in Australien die Regierung, die durch Vergünstigungen in der Form von Exportprämien die Butterproduktion anstachelte. Diese Exportprämien, die man z. B. in Victoria bis 1893/4 zahlte, die in Queensland bis 1898 andauern, betragen für jedes Pfund Butter, das nach irgend einem Hafen aufserhalb der Kolonieen verschifft wird, 2 d. Als in Victoria die Prämien aufhörten, ordnete das Agrardepartement an, dafs die für den Export bestimmte Butter in den „Government refrigerating works" während des Sommers für eine Dauer von nicht länger als drei Monaten gelagert werden könnte ohne jede Kosten für den Eigentümer.

Aufser diesem Exportprämiensystem aber hat in Australien die Etablierung von Faktoreien (factories) an geeigneten Centren die Milchwirtschaft speziell die Butterproduktion kolossal gefördert. Dieses System wurde zuerst auf genossenschaftlichem Wege ausgebildet und die beiden Prozesse der Entrahmung auf der einen und der Butterung auf der anderen Seite wurden zusammen betrieben. Diese Methode ist jedoch immer seltener geworden und heute im Aussterben begriffen. Denn es haben sich grofse Central-Butterfabriken gebildet, die gespeist werden von zahlreichen besonderen Etablissements, die man „Creameries" nennt. Die Vorzüge dieser auf eine Centralisierung hinauslaufenden Änderungen bestehen hauptsächlich in einer gleichmäfsigeren Beschaffenheit der Butter jedes Centrums, in einer Verminderung der Verarbeitungskosten infolge der gröfseren Masse und der Anwendung verbesserter Methoden und Eismaschinen.

Das Aufblühen des Butterhandels in Australien ist also wesentlich durch 2 Momente angeregt worden: einmal durch die Begünstigungspolitik der Regierung, die Exportprämien aussetzte und zweitens durch die Entstehung eines grofsen centralisierten Molkereiwesens. Der tiefer liegende Anstofs zu dieser ganzen Entwicklung aber ist in dem Umstande zu suchen, dafs der Weizenbau infolge der niedrigen Preise unrentabel geworden und der Farmer gezwungen war, sich einem nutzbringenderen Wirtschaftszweige zuzuwenden.

Aus F r a n k r e i c h, das, wie wir gesehen haben, in der Butterversorgung des englischen Marktes den zweiten Rang einnimmt, wird uns von Mr. Lovell über die Präparation der Exportbutter folgendes aus der Normandie berichtet. Die grofsen Butterhändler suchen die Märkte auf, auf die die Butter in ungesalzenem Zustande von den einzelnen Farmern gebracht wird. Sie wird nach Qualität und Gewicht bezahlt und zwar sogleich per Kasse. Der Produzent hat nichts mit der Verpackung zu thun. Der Käufer bringt dann die verschiedenen Qualitäten in verschiedene Körbe, die eigens zu diesem Zweck hergestellt sind. Darauf geht die Butter zurück nach der „Fabrik" (factory), wird dort geprüft, alle ersten Klassen werden zusammengethan, ebenso alle zweiten etc. Durch eine Mischmaschine wird einheitliche Konsistenz und Qualität, wenn es nötig ist, auch gleiche Farbe der einzelnen Sorten hergestellt. Dies ist das Verfahren, auf dem das Buttergeschäft beruht.

Ein weiterer wichtiger Importartikel ist der K ä s e. Der Reinimport an diesem Fabrikat nach dem vereinigten Königreich betrug 1876 nicht ganz $1\frac{1}{2}$ Millionen Cwts. und stieg bis zum Jahre 1895 auf über 2 Millionen Cwts. Pro Kopf der Bevölkerung berechnet allerdings macht sich eine Zunahme des Reinimports nicht bemerklich (5—6 lbs. pro Kopf).

Für den Käseimport kommt seit 1890 hauptsächlich Canada in Betracht. Vorher wurde es noch von den Vereinigten Staaten überboten. Seitdem aber liegt der Schwerpunkt der canadischen Milchwirtschaft in der Käsebereitung, obgleich auch nicht unbeträchtliche Mengen Butter produziert werden. Die Betriebsmethode ist verhältnismäfsig neu: Käsefaktoreien werden von Oktober bis Mai zur Butterfabrikation eingerichtet. Im Winter verarbeitet man Butter und im Sommer Käse. Diese neue Industrie hat vornehmlich in Ontario ihren Sitz, hat sich von hier aus aber auch auf andere Provinzen ausgebreitet. Sie bietet mancherlei Vorteile: vor allem ermöglicht sie gröfsere Einnahmen und gestattet die Haltung und Fütterung einer gröfseren Zahl von Kühen und Schweinen, für welch letztere namentlich die Mager- und Buttermilch zur Ernährung und Mästung verwendet wird.

Aufser den bisher behandelten Molkereiprodukten aber hat auch der Import an frischer Milch und Sahne aus Schweden und Holland in letzter Zeit die allgemeine Aufmerksamkeit erregt. 1894 wurden 161 000 Gallonen,[1]) 1895 127 000 Gallonen eingeführt. Da die Einfuhrziffern seitdem wieder beträchtlich abgenommen haben, so scheint der Handel mit frischer Milch doch nur von temporärem Charakter gewesen zu sein.

Dagegen hat sich die Einfuhr kondensierter Milch bedeutend vergröfsert. Sie belief sich

1888 auf 352 000 Cwts. im Werte von 735 000 £
1895 „ 545 000 „ „ „ „ 1 085 000 „

Die Frage, in welchem Mafse die fremden Molkereiprodukte den englischen Konkurrenz gemacht haben, läfst sich statistisch nicht genau beantworten. Eine ungefähre Schätzung, in der alle Molkereiprodukte in Milch umgerechnet werden unter der Annahme, dafs 2 3/4 Gallonen 1 lb. Butter und 1 Gallone Milch 1 lb. Käse ergiebt, dafs Margarine Butter ist etc., ergiebt, dafs das Verhältnis der importierten Milch in allen Formen zu dem Gesamtvorrat an englischer und fremder Milch jetzt über 50 % beträgt. Da noch eine grofse Quantität der englischen Milch, nach Turnbull ca. 30 %, in rohem Zustande konsumiert wird, so ist es klar, dafs die aus dem Ausland stammende Menge an Butter und Käse bei weitem die heimische Produktion dieser Artikel überflügelt hat.

4. Gemüse. Früchte. Geflügel etc.

Wir haben im Vorhergehenden die wichtigsten Gesichtspunkte erörtert, die mit dem Wachstum und der Intensität des fremden Wettbewerbs in den Hauptprodukten der Landwirtschaft verbunden sind. Jetzt sollen in Kürze noch die Bewegungen des Importhandels in anderen Erzeugnissen vor allem in Gemüse, Früchten, Geflügel etc. verfolgt werden.

Der Import an Hopfen ist in den letzten 20 Jahren ziemlich stationär geblieben.

---

[1]) 1 Gallon = 4.5 Liter.

Von den importierten Kartoffeln (2—3 ¹⁄₂ Millionen Cwts. seit 1884) besteht der gröfste Teil aus frühen Varietäten. für die höhere Preise erzielt werden als für die später auf den Markt kommenden heimischen Sorten.

Die fremden Zufuhren an Zwiebeln sind in den letzten 20 Jahren fast um das Dreifache gestiegen, der Preis dagegen ist beinahe um die Hälfte gefallen. Spanien, Holland, Ägypten und Frankreich sind die Hauptlieferanten für Zwiebeln. Der Frühimport dieser und anderer Produkte, die bereits auf dem englischen Markt erscheinen, wenn dieselben heimischen Erzeugnisse noch wenig und gar nicht verkauft werden, ist immer mit besseren Preisen verknüpft.

Der Import an Äpfeln hat bedeutende Schwankungen durchgemacht, betrug aber in den letzten Jahren nie unter 3 Millionen Bushels. Die Hauptzufuhrländer sind Canada, die Vereinigten Staaten und Belgien. In letzter Zeit beginnt auch Australien mit steigenden Mengen an Äpfeln, die allerdings 158000 Bushels bisher noch nicht überschritten, auf dem englischen Markt zu konkurrieren.

Ein lebhafter Import hat sich auch in nicht verzollbarem getrocknetem und eingemachtem Obst entwickelt; derselbe belief sich 1893 5 auf ¹⁄₂ Millionen £ dem Werte nach.

Wie die Handelsstatistik zeigt, hat in England auch eine steigende Nachfrage nach Geflügel und Eiern Platz gegriffen. Noch 1876 8 betrug der Konsum fremder Eier 763 Millionen oder 23 Stück auf den Kopf der Bevölkerung berechnet; in den letzten drei Jahren aber ist er gewachsen auf nahezu 1 ¹⁄₂ Milliarden oder 37 Stück pro Kopf der Bevölkerung. Der Preis ist allerdings gesunken. 1894 5 erreichte er den tiefsten Stand von nur 7 ¹⁄₂ d pro Dutzend. Die Hauptimportländer sind Deutschland, Rufsland, Frankreich und Belgien. Doch ist zu beachten, dafs die Eier aus Belgien hauptsächlich aus Italien und die aus Deutschland im Transitverkehr gröfstenteils aus Österreich und Ungarn stammen.

Gewachsen ist ferner der Import an Schweineschmalz, hauptsächlich aus den Vereinigten Staaten, desgleichen die Einfuhr an ungegerbten Schaf- und Lammfellen. Der Import von Rohhäuten ist seit 1876 stationär geblieben. Aufserdem werden noch eine Rehe Artikel (tierische Fette, Heu, Stroh, etc.) eingeführt, die wir hier nicht weiter berücksichtigen können.

Nur auf eins sei noch besonders hingewiesen: den steigenden Import an Pferden in den letzten 10 Jahren. 1893,5 wurden 23 600 Stück durchschnittlich im Werte von 616 000 £ eingeführt.

Dem steht allerdings eine Ausfuhr an Pferden englischer Züchtung von 16 600 Stück im Werte von 502 000 £ gegenüber.

*   *   *

Die im Vorhergehenden gegebene Analyse hat klar bewiesen, dafs der Import an allen wichtigen landwirtschaftlichen Produkten während der letzten 20 Jahre in bemerkenswertem Mafse zugenommen hat.

Am fühlbarsten ist die Konkurrenz in Weizen gewesen. Der fremde Weizen hat den englischen deplaziert. Die Produktion des letzteren beträgt kaum noch 25 % der gesamten für die Konsumtion jährlich notwendigen Menge.

Nicht so schlimm hat sich die Verdrängung anderer heimischer Cerealien gestaltet. Die Gerste, deren Einfuhr von Mitte der 70er bis Mitte der 90er Jahre sich mehr als verdoppelt hat, stammt heute gröfstenteils aus Osteuropa, wo sie aufserordentlich billig produziert wird. Mit 30—40 % des Gesamtbedarfs an Gerste hängt England heute vom Auslande ab.

Beim Hafer hat sich das Verhältnis des Nettoimports zum Gesamtbedarf im letzten Jahrzehnt etwas vermindert. Trotzdem sind immer noch ca. 20 % fremden Hafers zur Deckung des heimischen Konsums nötig. Der Preis von Futtergerste wie von Hafer ist nicht unbedeutend beeinflufst worden durch den grofsen Verbrauch von Mais.

Was das Fleisch anbelangt, so hat sich eine Verdrängung der heimischen Produktion durch den wachsenden Import nicht nachweisen lassen. Die heimische Produktion ist ziemlich stationär geblieben und weist nur unbedeutende Oscillationen auf. Die Zufuhren von fremdem Rind- und Hammelfleisch begegneten offenbar einer Nachfrage nach billigem Fleisch, welche bisher die heimische Landwirtschaft nicht befriedigt hatte. Daher hat auch der Import, welcher für Fleisch aller Art ca. 30 % des Gesamtbedarfs der englischen Bevölkerung an diesem Nahrungsmittel bestreitet, einen stärkeren Einflufs auf das Sinken der Preise geringerer Fleischqualitäten ausgeübt als auf das der besseren Sorten.

In Bezug auf fremde Wolle ist gezeigt worden, daſs sie in steigendem Maſse die heimische ersetzt hat, daſs in dem Vereinigten Königreich nur noch 30 % des Bedarfs durch die eigene Schafhaltung geliefert werden. Der Reinimport bildet daher heute einen so bedeutenden Teil der gesamten Menge, daſs er für die Determinierung der Preise den gröſten Einfluſs hat.

Schieſslich ist nachzuweisen versucht worden, daſs der Import an Butter, Margarine und Käse mehr als die Hälfte der Gesamtmenge dieser für die Konsumtion notwendigen Nahruugsmittel beträgt.

Dieses Verhältnis des Imports an Getreide, Fleisch, Wolle und Molkereiprodukten zu dem in dem vereiuigten Königreich erforderliche Gesamtvorrat an diesen Stoffen ist ein ungefährer Maſsstab für die Intensität des fremden Wettbewerbs. Es hat sich ergeben, daſs dieselbe auf dem Gebiete der Weizen- und Wollproduktion am gröſsten ist und hier auch die heimische Produktion am meisten deplaziert hat.

Die Verfolgung der Quellen, aus denen die immer stärker anschwellenden Zufuhren agrarischer Produkte flieſsen, hat gezeigt, daſs die vereinigten Staaten die erste Stelle einnehmen in Bezug auf die Ausfuhr von Weizen und Fleisch (exkl. Hammelfleisch). Den zweiten Rang für den Export von Weizen und Fleisch hat sich Argentinien erobert. Ferner beteiligen sich an dem Import von Cerealien Ruſsland mit Weizen und Gerste und Indien, wo allerdings die Ausfuhren bedeutend zurückgegangen sind, mit Weizen allein. Australien ist der Träger für den gröſseren Teil des Imports für Wolle und Hammelfleisch und neuerdings auch für Butter. Die Hauptmenge der letzteren aber liefert heute immer noch Dänemark, nämlich 40—50 % jährlich. Kanada und die vereinigten Staaten haben sich ein Monopol auf den Import von Käse erobert, während Holland den Vorzug genieſst, beinahe die ganze Margarine für den englischen Markt zu liefern.

Es sind des weiteren die Bedingungen erörtert

worden, unter denen dieser Export arbeitet. In der
Union geht mit der Verlegung des Schwerpunkts der
grofsen Weizenkulturen nach den jungfräulichen Gebieten des Westens eine Reduktion des Weizenareals in
den älteren östlichen und mittleren Staaten parallel.
Diese Änderung des Hauptschauplatzes hat eine weitere Verschiebung der Weizenpreise hervorgerufen.
Dieselbe steht in Zusammenhang mit der Thatsache,
dafs die Produktionskosten in den frisch besetzten
Territorien bedeutend niedriger sind als in den Re-
gionen der alten Kultur.

Auch die rapide Entwicklung des Weizenexporthan-
dels in Argentinien ist gröfstenteils auf die aufserordentlich geringen Produktionskosten des extensiven Systems
zurückzuführen.

Die Anregung zur Steigerung des Exports wird von
vielen Fachmännern der Entwertung des im Umlaufe befindlichen argentinischen Papiergeldes zugeschrieben.
Eine ähnliche Ursache ist nach derselben Meinung zu
Gunsten des russischen Produzenten in Thätigkeit gewesen. Desgleichen soll der indische Farmer einen wesentlichen Vorteil vor dem englischen voraus haben, weil
der erstere durch den Niedergang in dem Goldwert der
Rupie in den Stand gesetzt ist, Getreide weiter mit Gewinn zu exportieren trotz des Falls in dem Goldpreis
desselben — denn er kann sich für den geringeren Betrag
an Gold, das er aus England erhält, das aber wie später
noch näher gezeigt werden soll bedeutend im Werte gestiegen ist, ebenso viel Silberrupien oder andere Waren
in Indien kaufen als früher.

Leider fehlen detaillierte Aussagen, in wie weit verbesserte Trans-
portmittel die Farmer befähigt haben, ihre Ausfuhren nach den englischen Märkten in einer Periode fallender Preise aufrecht zu erhalten. Aber die Berichte stimmen darin überein, dafs die Entwicklung und Vervollkommnung der Kommunikations-
mittel zu Wasser und zu Lande und die Frachtreduk-
tionen die Erschliefsung fruchtbarer Gebiete für die
Weizenkultur in Nord- und Südamerika und in den
Kolonieen bedeutend erleichtert und in nicht geringem

Maſse zu dem Wachsen des fremden Wettbewerbs beigetragen haben.

Die Steigerung der fremden Konkurrenz in Molkereiprodukten ist wesentlich durch andere Thatsachen-
reihen als die bisher erwähnten untersützt worden. Daſs
sich der Landwirt anderer Länder mit seinen Lieferungen
in Korn und Fleisch erfolgreich auf dem englischen
Markt ausbreiten konnte, beruht gröſstenteils auf der
besonderen Gunst und Überlegenheit der natürlichen
und klimatischen Bedingungen, unter denen er wirtschaftet; der erfolgreiche Wettbewerb auf dem englischen Butter- und Käsemarkt aber ist vorwiegend der
Thatsache zuzuschreiben, daſs das Molkereigewerbe
in den Ländern der Konkurrenz besser organisiert ist
als in Groſsbritannien.

Im Zusammenhang mit der ausländischen Konkurrenz steht auch die Thatsache, daſs, wie die Länder
unter einander sich Konkurrenz machen, dasselbe auch
bei Waren der Fall ist, die denselben Zwecken dienen.
Mr. Giffen hebt (Agendix 5 des Final-Report's) besonders hervor, daſs der Niedergang in dem Weizenpreise
hauptsächlich dem groſsen Wachstum in den Zufuhren
und dem Konsum des Fleisches während der letzten 20
Jahre zuzuschreiben sei. Der gesteigerte Fleischver-
brauch hat die Nachfrage für Weizen entweder zögern-
der gestaltet oder mehr gehemmt, als man nach dem
groſsen Preisfall hätte erwarten können. Es kommt
also auch der Einfluſs von Surrogaten auf die Preisbildung in Betracht.

Am schwierigsten ist ohne Zweifel die Frage nach
der Fortdauer der ausländischen Konkurrenz in den
gegenwärtigen Formen. Eine definitive Bestimmung
des Zeitpunkts, bis zu welchem die Konkurrenz in ihrer
jetzigen Strenge anhalten wird, ist leider nicht möglich. Es wäre falsch anzunehmen, daſs die vereinigten
Staaten jetzt schon die Grenze ihrer Produktions- und
Exportfähigkeit erreicht hätten. Man stimmt vielmehr
darin überein, daſs mit einer Besserung der Preise die
vereinigten Staaten sehr wohl ihre gegenwärtige Position behaupten können, obgleich zugegeben werden

5*

mufs, dafs das mit der wachsenden Bevölkerung und
der Verminderung jungfräulichen Bodens im Westen
immer schwieriger wird.

Grofsbritannien aber hat in neuester Zeit mit stei-
gender Sorge seine Blicke auf einen neuen Rivalen in
Südamerika, Argentinien, gerichtet. Dieses Land hat
noch immense Flächen unbebauten Bodens. Unter den
günstigsten klimatischen und wirtschaftlichen Bedingungen kann es in Zukunft noch ungeheure Massen
Getreide und Fleisch auf seinen Schiffen nach Europa
schicken. Für die gegenwärtigen und zukünftigen
Interessen der britischen Landwirtschaft ist, wie der
Kommissionsbericht sagt, das rapide Wachstum des
argentinischen Exports während einer Periode excep-
tionell niedriger Preise ein sehr ernstes Moment.

Auch in Australien harren noch grofse Flächen des
Pfluges. Allein die niedrigen Getreidepreise auf dem
englischen Markt haben keinen Anreiz zu weiterer
Ausdehnung der Bebauung in Australien gegeben. Es
ist jedoch möglich, dafs ein Anziehen der Preise auch
dort neue Ländereien der Kultur aufschliefst.

„Wir fürchten", schliefst die Kommission, „dafs in
nächster Zukunft keine Aussichten vorhanden sind,
dafs der Druck, den der fremde Wettbewerb auf die
englische Landwirtschaft ausübt, dauernd nachlassen
werde."

Mit diesem pessimistischen Blick in die Zukunft
verläfst die Untersuchungskommission diesen Gegenstand, um sich nunmehr der Frage zuzuwenden, was angesichts dieser Thatsachen für die notleidende britische
Landwirtschaft geschehen kann.

III. Die Heilmittel der Krisis.

Nach alledem, was wir im Vorhergehenden über die Notlage der
britischen Landwirtschaft und ihre kausale Verkettung mit dem Preis-

fall aller ihrer Produkte kennen gelernt haben, muſs es aufserordentlich schwierig erscheinen, Mittel zu finden, die nicht nur die Not,
sondern vor allen ihre Ursachen beseitigen oder doch herabstimmen.
Man vermute nicht, daſs im Folgenden das komplizierte Problem der
Agrarfrage gelöst ist. Es sind von der Kommission in erster Linie nur
Vorschläge gemacht, die eine Verschlimmerung des gegenwärtigen Zu-
standes verhüten resp. eine Besserung desselben anstreben sollen,
damit dem privaten Grundbesitz, um mit Rodbertus zu sprechen, „noch
ein langer und schöner Abendsonnenstrahl beschieden sein möge."

Für die Behandlung der erkrankten Landwirtschaft selbst kommen
folgende Gesichtspunkte in Betracht. Zunächst werden die aus dem
Pachtverhältnis sich ergebenden Interessen des Grundherrn und des
Pächters entwickelt und abgegrenzt. Dies geschieht im Anschluſs an
die Agrikultural Holdings Act, die Land Tenure Bill und die
Pachtzinsfrage. Erleichterungen werden auf dem Gebiete der Zehnt-
abgaben und der Hypothekenverschuldung verlangt. Für den Kredit
wird die Hilfe des Staates in Anspruch genommen. Auf Verbesserung der Technik vor allen durch genossenschaftliche Organisation
zielen die Erörterungen über die Milchwirtschaft hin. Durch Schaffung
kleiner Güter sucht man dem Leutemangel abzuhelfen und die sozialen
Gegensätze auf dem Lande auszugleichen. In Bezug auf das Jagdrecht und den Wildschadenersatz werden Verbesserungen der Game
Laws angestrebt. Zum Zwecke der Erleichterung des Absatzes sucht
man eine Reform der Eisenbahnfrachttarife durchzusetzen. Auf das Gebiet des Handels und Verkehrs entfallen ferner die Betrachtungen und
Vorschläge über das Differenzgeschäft im Getreide, den Verkauf verfälschter Produkte und importierter Waren als heimische und den
Viehverkauf nach Lebendgewicht. Daran schliefsen sich noch eine
Reihe von Empfehlungen, die die Hebung der allgemeinen Interessen
der Landwirtschaft im Auge haben; dem dienen die Erörterungen
über das Landwirtschaftsamt und das landwirtschaftliche Bildungswesen.

Das wären die Punkte, auf denen die im Folgenden behandelten
Reformen basieren; sie erheben wie gesagt nur den Anspruch darauf,
die Krisis zu mildern.

Gegen ihre Ursachen wenden sich schliefslich die letzten Ausführungen über den Bimetallismus und die Agrarfrage und nach
diesen erscheint es nicht zweifelhaft, daſs durch eine internationale
Vereinbarung zu Gunsten des Bimetallismus allerdings eine Heilung
der gegenwärtigen Krisis eintreten könnte — ob diese grofse Ände-

rung des gegenwärtigen Währungssystems jedoch unter den derzeitigen politischen Verhältnissen ausführbar erscheint, darf füglich bezweifelt werden.

1. Die Agrikultural Holdings Act.

Einen verhältnismäfsig breiten Raum bei der Erörterung über die Notwendigkeit einer Änderung der Agrarverfassung nehmen die Vorschläge der Kommission in Anspruch, die die aus dem bestehenden Pachtsystem sich ergebenden Mifsstände nach Möglichkeit beseitigen wollen. Insofern hat die Agrikultural Holdings Act eine grofse Bedeutung für Pächter und Verpächter.

Zur Orientierung für den Leser geben wir zunächst einen kurzen historischen Rückblick auf die Hauptbestimmungen dieses wichtigen Gesetzes, um uns dann den von der Kommission gemachten Verbesserungsvorschlägen zuzuwenden.

Bis zum Jahre 1875 war in ganz England beim Abschluſs der Pachtverträge eine Art Gewohnheitsrecht in Geltung, wonach der Pächter für eine Reihe von Verbesserungen, durch die der Wert des Gutes erhöht wurde, durch den Verpächter nach Ablauf der Pacht entschädigt zu werden pflegte. Diese Kompensationen waren Landessitte, sie wickelten sich nach einem einfachen Schema ab, das jeder Pächter kannte. Im genannten Jahre nun wurde dieses Gewohnheitsrecht gesetzlich erhärtet durch die Agrikultural Holdings Act. Das Prinzip blieb dasselbe: Der Pächter sollte für Verbesserungen, die er nicht mehr ausnützen konnte, entschädigt werden. Diese Verbesserungen wurden in 3 Klassen eingeteilt: In solche die nach 20, nach 7 und nach 2 Jahren erschöpft sind und ihre Wirksamkeit verloren haben. Zu den Verbesserungen der 1. Klasse, z. B. Errichtung von Gebäuden, Umwandlung von Ackerland in permanente Weide etc. war die Einwilligung des Verpächters erforderlich, bei der zweiten, z. B. Anlage einer Drainage, genügte eine blosse Benachrichtigung und für die 3., z. B. Verwendung von künstlichen Dünger, war auch diese überflüssig. Allein aufserdem enthielt dieses Gesetz eine Klausel, welche es den beiden Kontrahenten ermöglichte, sich von den Vorschriften zu emanzipieren und bei der alten Sitte zu bleiben. Es wurden auch in der That zahlreiche Pachtverträge abgeschlossen, in denen man das Gesetz ganz beiseite liefs und dem Pächter andere oder auch keine Kompensationen zusicherte. Allerdings ist nicht zu leugnen, daſs die Prinzipien des Gesetzes in viele Pachtverträge übergegangen sind. Erst durch die Agrikultural Holdings Acts von 1883 wurde dieser

Ausweg, sich von den gesetzlichen Bestimmungen zu befreien, aufgehoben und die Vorkehrung getroffen, dafs jeder Vertrag null und nichtig sein sollte, der andere Bestimmungen aufnehme, als das Gesetz vorschreibt.

Während das Gesetz von 1875 von der Anschauung ausging, dafs nach Ablauf einer gewissen Zeit der Nutzen des Pächters an einer Verbesserung erschöpft sei, wurde dieses Prinzip 1883 fallen gelassen und als Grundlage der Kompensation die ursprünglichen Auslagen des Pächters fixiert, mit anderen Worten, dem abziehenden Pächter soll der Wert einer Verbesserung entschädigt werden, der den eingehenden Pächter in Gestalt derselben zu Gute kommt. Eine zweite Hauptbestimmung betrifft den Termin der Meldung beabsichtigter Forderungen: der Pächter mufs 2 Monate vorher dem Grundherrn Kenntnis von derselben geben; in dem früheren Gesetz war der für solche Kenntnisgabe festgesetzte Termin nur 1 Monat. Des weiteren wären folgende Bestimmungen der Agrikultural Holdings Acts anzuführen: Nach englischem gemeinen Recht, gehören die fixen Betriebskapitalien dem Grundherrn. Die Agrikultural Holdings Acts aber gestatten, dafs Werkzeuge, Dünger, Maschinen, welche der Pächter anschafft, oder Gebäude, welcher der Pächter errichtet, ohne es zu müssen, von dem abziehenden Pächter entfernt werden können, wenn nicht der Grundherr nach vorheriger Mitteilung es vorzieht, sie zu dem Preise zu kaufen, den sie für den anziehenden Pächter haben. Für gewöhnlich darf ferner der Grundherr, wenn die Pachtzinsen 6 Jahre im Rückstande sind, zur Pfändung schreiten. Nach der Agrikultural Holdings Acts aber unterliegt der Pfändung nur die Rente eines Jahres. Gemietete Maschinen und Viehherden, die nicht dem Pächter gehören, sich aber auf seinem Gehöft befinden, sind überhaupt nicht pfändbar.

Trotzdem dieses Gesetz für beide Teile in vielen Fällen segensreich gewirkt hat und den Ansporn gab, die Farmen in guten Zustande zu erhalten, so hat es doch auch nicht an Stimmen gefehlt, die es als unwirksam, mifslungen und ungenügend bezeichneten. Die Ursachen hierfür sind in seinen Mängeln zu suchen.

Zunächst haben die Pächter vielfach vollständig freie Hand haben wollen, auch in Hinsicht auf Verbesserungen dauernden Charakters; sie haben eine Einwilligung des Verpächters für überflüssig erklärt und die Entscheidungen über die Berechtigung ihrer Forderungen durch einen Gerichtshof gewünscht. Aber dem stimmt die Kommission nicht zu. Sie hält es auch nicht für wünschenswert, dafs die

Umwandlungen von Ackerland in Weide zu denjenigen Verbesserungen zählen sollen, die anstatt der Einwilligung des Verpächters blofs seine Kenntnisnahme erfordern; sie hat aber nichts gegen den letzteren Modus einzuwenden, bei Wegebesserungen, Richtung von Wasserläufen, Anlegung von Gärten, nicht über 1 Acres und Anpflanzung von Obst- und Weidenkulturen auf einer ebenfalls nicht gröfseren Fläche.

Ferner hat man den Charakter des Bodens, seine natürliche Fruchtbarkeit und die ihm inhärierenden Kräfte auch als zur Entschädigung geeignet bezeichnet. Jedoch geschieht dies, wie der Bericht hervorhebt, mit Unrecht. Die Agrikultural Holdings Act enthält eine Klausel, die besagt, dafs die natürlichen, guten Eigenschaften des Bodens bei Bewertung der Verbesserung nicht dem Pächter zugeschrieben werden können. Die Schiedsrichter (referees) werden ja ohnehin den Anteil des Pächters an der potenzierten Fruchtbarkeit des Bodens nicht aufser Acht lassen.

Es wird weiter gewünscht, dafs die dem Gesetze zu Grunde liegende Basis der Kompensation geändert und weiter für besonders gute Bewirtschaftung und Steigerung der Fruchtbarkeit des Gutes Entschädigungen gegeben werden. Allein auch diesen beiden Forderungen stimmt die Untersuchungskommission nicht bei. Eine Änderung der Grundlagen des Gesetzes läge nicht im Interesse des Pächters; dafs derselbe das Gut auf einen hohen Kulturzustand zu bringen und auf demselben zu erhalten suche, sei seine Pflicht und Schuldigkeit. Der Hauptvorteil guter Wirtschaftsweise falle ihm ja ohnehin zu.

Die Kommission billigt ferner das Prinzip der Feststellung des Kulturzustandes beim Beginn der Pacht, obgleich bedeutende praktische Schwierigkeiten hierbei im Wege stehen, namentlich für eine gesetzliche Festlegung der diesbezüglichen Verhältnisse.

Die Kommission ist ferner der Meinung, dafs es nicht angebracht wäre, wenn ein abziehender Pächter, welcher Kompensation für unerschöpfte Verbesserungen erhalten hat, nicht in den Stand gesetzt sein sollte, eine Vergütungsforderung im Falle der Behinderung im Rechtsgenusse aufrecht zu erhalten.

Des weiteren gewährt das Gesetz Entschädigung für Futtermittel, die nicht auf dem Gute selbst produziert sind, soweit dieselben an Rindvieh, Schweine und Schafe verfüttert werden. Seitdem das Getreide so stark im Preise gesunken ist, gelangen aber auch grofse Quantitäten selbst gewonnenen Getreides zur Verfütterung. Für diese, wie für alle auf dem Gute selbst erzeugten Futterstoffe, verspricht

die Agrikultural Holdings Act keine Kompensationen; eine Änderung aber wäre sehr am Platze, obgleich der Nachweis im einzelnen
Falle schwer zu führen sein würde, wieviel von den Futtermitteln
selbst produziert und nicht zugekauft sind. Dafs auch das für Pferde
verfütterte Korn entschädigt würde, wird von vielen Pächtern gewünscht und auch von der Kommission befürwortet.

Das wären die hauptsächlichsten Punkte, die mit den Grundsätzen
und den Bestimmungen der Agrikultural Holdings Act zusammen-
hängen. Es erübrigt noch, das Verfahren bei der Ausführung
der Vorschriften und die diesbezüglichen Wünsche im Anschlufs
an die von der Kommission gemachten Vorschläge zu charakterisieren.

Zu den Gründen, welche das Gesetz bei vielen Farmern unbeliebt
gemacht haben, gehört das formale, schwerfällige und langsame Verfahren, das aufserdem noch mit nicht unbedeutenden Kosten verknüpft ist. Weiter rufen die Forderungen des Pächters Gegenforde-
rungen auf Seiten des Verpächters hervor. Die Kunde von den Forderungen ist das erste Zeichen zum Kriege zwischen Landlord und
Pächter. Eine Änderung dieser Unzuträglichkeiten wäre dringend
am Platze. Die Kommission empfiehlt, dafs der Abschlufs privater
Verträge im Sinne des Gesetzes begünstigt werden solle. Um die
Kosten des Verfahrens geringer zu machen, schlägt die Kommission vor,
das Prinzip der Arbitration Act vom Jahre 1889 anzunehmen, wonach
blofs ein Schiedsrichter fungieren soll, wenn nicht die Parteien
anders bestimmen. Zur Abschätzung der gegenseitigen Ansprüche will
die Kommission den Parteien die Wahl ihrer Taxatoren (valuers)
selbst überlassen, aber sie hält es für wünschenswert, wenn in allen
von dem Gesetz vorgesehenen Fällen der Unparteiische (umpire)
aus einem von dem Landwirtschaftsministerium gebilligtem Verzeichnis
gewählt wird und da die Schiedsrichter gewöhnlich als Taxatoren
agieren, so sollten sie valuers und nicht referees genannt werden.

Die Unparteiischen und Taxatoren sollen das Recht haben, auch
solche Kompensationen, die das Gesetz nicht einschliefst, mit den gesetzlichen gleich zu behandeln.

Da die Bekanntmachung der Forderungen viel böses Blut macht,
so könnte sie ganz fortfallen. Die geschriebenen Forderungsberichte
müfsten dann dem Schiedsrichter vorgelegt werden, welcher entscheidet.
Das Forderungsrecht würde ganz aufzuheben sein, wenn 3 Monate
nach der Beendigung der Pacht noch nicht Gebrauch davon gemacht
worden ist.

Die Kommission stimmt ferner dafür, dafs der Grundherr berechtigt sein soll, für Verschleuderungen (dilapidations) von Seiten des Pächters Entschädigungen zu beanspruchen.

Was die Fruchtfolge und den Verkauf von Wirtschaftsprodukten anbelangt, so ist dem Pächter, wenn auch nicht auf dem Papier, so doch in der Praxis, bis auf wenige Beschränkungen, die noch entbehrt werden können, freie Hand gelassen. Der Pächter wirtschaftet in der Regel frei und weifs wohl zu beurteilen, wie viel Heu, Stroh oder Grünfutter er verkaufen darf, ohne dafs das Nährstoffkapital der Wirtschaft zu sehr angegriffen wird. Die Erhebung eines besonderen Strafzinses für zu weit gehende Entzüge aus der Wirtschaft, oder für eventuellen Vertragsbruch, soll dem Grundherrn nur für den wirklichen entstandenen Schaden zustehen.

Ferner wird empfohlen, dafs die Periode, in welcher der Grundherr für entstandenen Schaden oder Vertragsbruch (Sec. 6 des Gesetzes) Kompensation fordern darf, für alle einjährigen Pachten auf 2 Jahre begrenzt sein soll.

Eine Berufung, ausgenommen auf Punkte des Gesetzes, soll nach der auf Grund der Agrikultural Holdings Act getroffenen Entscheidung nicht zulässig sein.

Schliefslich wäre noch zu wünschen, dafs von dem Pachtzins nur derjenige Teil gepfändet werden könne, der in einer Periode von 12 Monaten nach der Beschlagnahme hinzugekommen ist.

Das wären die hauptsächlichsten Wünsche, Forderungen und Korrekturen der Untersuchungskommission im Hinblick auf die Agrikultural Holdings Acts, deren Bestimmungen für die englischen Pachtverhältnisse von eminenter Bedeutung sind.

2. Die Land Tenure Bill.

Ein Antrag, von dessen Annahme sich die Urheber Mr. Smith, Prof. Long und Mr. W. E. Bear eine Lösung der englischen Agrarfrage versprechen, ist die 1893 in dem Hause der Kommons eingebrachte Land Tenure Bill. Die Quintessenz der darin gestellten Forderungen besteht darin, dafs ein Gütergerichtshof (Land Court) geschaffen werden soll, der einen Pachtzins für mindestens 5 Jahre fixiert. Nach dieser Zeit soll eine Revision und eventuell Neufeststellung der Pachtsumme erfolgen. Der Pächter kann also erst nach Ablauf dieser 5 jährigen Periode das Gut verlassen; will er jedoch schon früher gehen, so mufs er für einen Nachfolger sorgen, der das Gut zu denselben Bedingungen und Pachtpreisen übernimmt, die der Gütergerichtshof angeordnet hat (Free sale). Der Pachtzins soll eine fair rent (gerechte Rente) sein, d. h., er soll so festgesetzt werden, dafs es dem Pächter mit seiner Familie möglich ist, standesgemäfs zu leben und seine Arbeiter anständig zu bezahlen.

Der mafsgebende Gesichtspunkt bei der Bestimmung der Höhe des Pachtzinses soll derjenige Preis sein, den ein solventer Pächter zu geben, im Stande ist. Der ganze Antrag läuft darauf hinaus, dafs der Pächter billige Pacht bekommt durch Vermittelung einer von beiden Teilen unabhängigen Behörde, und fixity of tenure geniefst, d. h., dafs der Verpächter dem seinen Pflichten nachkommenden Pächter nicht kündigen darf.

Begründet wird dieser Antrag dadurch, dafs der Pachtzins zwar heute niedriger als früher sei. dafs er aber vielfach lange nicht in dem Mafse gesunken sei, dafs der Pächter dabei bestehen könne. Daher müsse die Gesetzgebung eingreifen und zwar vor allem in dem Sinne, dafs ein Überbieten im Pachtzins hintangehalten werde. Es müsse die Unsicherheit, die dem gegenwärtigen Pachtverhältnisse anhaftet, beseitigt und dasselbe periodisch so gesichert werden, dafs dauernde Meliorationen von dem Pächter zum Nutzen des Bodens unternommen werden können.

Dieses agrarpolitische Programm der 3 F's, welches Free sale d. h. das Recht, die Pacht an dritte zu veräufsern, Fair rent d. h. einen billigen Pachtzins und Fixity of tenure d. h. Sicherheit des Pachtvertrages verlangt, war bekanntlich das Panier, unter dem die irischen Pächter eine Besserung ihrer Lage anstrebten.

Unter dem Drucke revolutionärer Strömungen sind diese in Irland bereits 1850 erhobenen Forderungen 1881 durch die zweite Gladstonesche Landacte Gesetz geworden. Bisher weifs man in Deutschland wenig oder nichts über die Wirkungen dieses in die irische Landfrage so tief einschneidenden Gesetzes.

Allein diesen Vorschlägen und ihrer Begründung hat sich die Kommission nicht angeschlossen und zwar aus folgenden Gründen: Wenn sich in einer Gegend eine lebhafte Nachfrage nach Gütern entwickelt, so kann auch bei gesetzlicher Regelung des Pachtzinses der Fall eintreten, dafs der erste Pächter sein Pachtrecht einfach an den Meistbietenden weiterverkauft, ohne Rücksicht auf das fernere Schicksal des Gutes. Aber auch die Prophezeiung, dafs mit der Einsetzung 5 jähriger Pachtperioden, die Sicherheit des Pächters eine gröfsere sein werde. als bisher, läfst sich als illusorisch bezeichnen.

In ganz England waren ehedem mehrjährige Pachtperioden, in der Regel für 19 Jahre, sogen. leases, gebräuchlich, wie das heute noch in Schottland und Irland die Regel ist. Einzelne solcher Pachtverträge für viele Jahre ragen noch in die Gegenwart hinein. Die Krisis der letzten 20 Jahre jedoch hat zu einer allgemeinen Verkürzung der Pachtfristen geführt, an Stelle der leases sind die tenancies getreten, und selbst in Schottland zeigt sich die Tendenz, die Pachtperioden auf 5 Jahre zu modifizieren. In England ist die einjährige Pacht allgemeine Regel. Die Bill aber will die Anpassung der kurzfristigen Pachten an die sinkende Konjunktur vereiteln. Für den Pächter handelt es sich hauptsächlich darum, dafs er Sicherheit für die von ihm gemachten Verbesserungen erhält. Dazu braucht er keine Behörde, die unabhängig über beiden Teilen ihres Amtes waltet. Aus allen Grafschaften, den Ackerbau- und Weidedistrikten, den schwerer und weniger betroffenen, begegneten sich die Ansichten in diesem Punkte. Gleichsam als typisch hierfür mögen die Aussagen eines Landwirts, des Vizevorsitzenden der Blything Board of Guardians Mr. Girling, dienen. Er sagte: „Wir haben Pachtsicherheit genug. Wir brauchen keine mehr. Wir können uns das sichern, was wir von dem Landlord brauchen. Die Leute, vor denen wir Sicherheit nötig haben, sind die Gesetzgeber. Sie sind unsere gröfsten Feinde."

Schliefslich käme noch in Betracht, ob die Bill wirklich die Pächter zu gröfseren Meliorationen, die sie dann selbst zu bestreiten hätten, veranlassen würde und ob das unter den gegenwärtigen Verhältnissen überhaupt angebracht und vorteilhaft wäre. Die Dinge liegen hier so. Seit Beginn der Krisis, haben die Grundherrn den Pächtern die Ausführung dauernder Meliorationen gröfstenteils abgenommen, weil die Letzteren in der Regel kein Geld hatten, sie zu bestreiten. Selbst zu Drainageanlagen auf kleinen Gütern konnten sich die Pächter vielfach nicht verstehen.

Würde nun der Antrag Gesetz werden, so würden die Pächter solche Verbesserungen auf eigene Kosten auszuführen haben. Sie würden sich das nötige Kapital von Geldverleihern borgen müssen, die nicht so wie die Grundherrn schonende Ermäfsigung eintreten lassen, wenn sie sehen, dafs es dem Pächter schlecht geht. Es ist ja bekannt, dafs diejenigen Pächter in der schlimmsten Lage sind, die mit geborgtem Gelde wirtschaften, ebenso wie die kleinen Eigentümer z. B. in Wales, die ihre Farmen mit fremden Mitteln erstanden haben. Die Aussagen lassen keinen Zweifel darüber, dafs auch in dieser Beziehung die Pächter noch gröfseren Schaden erleiden würden, wenn eine Gesetzgebung in Kraft trete, die sie nötigte, Kapital in dauernden Meliorationen anzulegen, die zur Zeit von den Grundherrn ausgeführt werden. Ganz generell aber erscheint eine gröfsere Intensität der Bewirtschaftung nicht angezeigt, denn man darf nicht vergessen, dafs eine reichlichere Verwendung von Kapital auf den Boden kein Gegengewicht gegen niedrige Preise ist. Meliorationen bieten als ein Index intensiver Wirtschaft kein Mittel der stetig abnehmenden Rentabilität entgegen zu arbeiten. Die Fachleute haben immer wieder darauf hingewiesen, dafs unter den gegenwärtigen Verhältnissen eine höhere Kultur und gesteigerte Düngung vom Übel ist. Der letzte Bushel kostet immer mehr als alle andern. In den Ackerbaudistrikten hat es sich am deutlichsten gezeigt, dafs mit dem Steigen der intensiven Kultur das finanzielle Resultat immer schlechter ausfällt.

Zu diesen mehr ökonomischen Erwägungen, gesellen sich noch solche psychologischer Natur. Würde ein Gerichtshof eingesetzt werden. dessen Aufgabe die Regulierung des Pachtverhältnisses wäre, so würde dies ohne Zweifel einen Einbruch in das freie Vertragsrecht bedeuten, dafs bisher zwischen dem Grundherrn und seinem Pächter bestanden hat. Der Freiheitssinn der englischen Pächterschaft lehnt sich, wie die Aussagen beweisen, gegen einen derartigen Eingriff auf, und vielleicht nicht mit Unrecht ist behauptet worden, dafs durch die Schaffung einer solchen Behörde die symphatischen Beziehungen zwischen Pächter und Verpächter und das zwischen Beiden bestehende gute Einvernehmen getrübt würde.

Was aber hauptsächlich gegen die ganze Einrichtung spricht, — abgesehen von dem notwendig werdenden kostspieligen Verfahren — ist die Erwägung. dafs, während die Preise für die Produkte der Landwirtschaft für Futter und Düngemittel. sowie die Arbeitslöhne von Jahr zu Jahr sich ändern, doch eines, nämlich der Pachtzins, für eine Periode von mindestens 5 Jahren starr und unelastisch auf der gerichtlich fixierten Basis beharren soll.

Das Resultat zu dem die Untersuchungskommission gelangt, besteht darin. dafs die Erhebung der Land Tenure Bill zum Gesetz aus ökonomischen, finanziellen und psychologishen Gründen verfehlt sein und den Pächter schädigen würde. Die überwältigende Majorität der Zeugen spricht sich in diesem Sinne aus, und es steht nach alledem nicht zu erwarten, dafs die Gesetzgebung nach dieser Richtung hin Schritte thun wird.

Man sieht aus diesen Erwägungen der Kommission ziemlich deutlich, dafs dieselben getragen werden von den Interessen der englischen Grundaristokratie. Dieselben spielen auch im folgenden Kapitel eine grofse Rolle.

3. Die Pachtzinsfrage.

Da das Grofs der englischen Farmer aus Pächtern besteht, so hat man vielfach in einer weiteren Herabsetzung der Pachtzinse ein Mittel zur Lösung der Agrarfrage erblickt. Die Hauptschwierigkeit liegt in der Beantwortung der Frage, ob und in welchem Mafse die Pachtraten sich dem gesunkenen Reinertrage des Bodens angepafst haben.

Wie schon früher gezeigt, haben die Grundherrn ihren Pächtern durch Reduzierung der Pachtabgaben, durch Erlafs von Kapitalrückständen, oder durch Stundungen etc. zu helfen versucht. Man kann es ihnen aber nicht verdenken, wenn sie nicht geneigt sind, den Pachtzins ad infinitum sinken zu lassen. Es ist selbst in einer Periode verhältnismäfsiger Stabilität agrarischer Verhältnisse äufserst schwierig, zuverlässige Daten für eine Untersuchung über die Angemessenheit (fairness) der bestehenden Pachtzinsen zu gewinnen. Die Kommission hat versucht, den Gesamtrückgang der Pachtabgaben für landwirtschaftliche Ländereien, „lands", seit dem Beginn der Krisis zu bestimmen. Die Schätzungen zur Einkommensteuer Schedule A zeigen einen Fall in dem jährlichen Bruttowert (gross annuel value) zwischen 1879 und 1894 von 23,4 %. Weniger kann der Rückgang, wie an anderer Stelle auseinandergesetzt, nicht betragen haben. Um wieviel höher er sich stellt, kann nur Gegenstand der Mutmafsung sein. Sir James Caird schätzte in seiner Aussage vor der Royal Kommission on the Depression of Trade and Industrie im Jahre 1886 den Fall bis zu jener Zeit bis auf 30 %. Das dem Final Report zu Grunde liegende Material aber läfst zweierlei deutlich erkennen: Erstens dafs die Reduktion der Pachtzinsen mit einigen Ausnahmen vornehmlich in Wales, wo viele Erlasse stattgefunden haben, zwischen 10 bis 30 % in den weniger betroffenen Distrikten schwankte, während sie in den von der Krisis am intensivsten mitgenommenen Teilen Grofsbritanniens im Durchschnitt ungefähr 50 % betrug, ja häufig sogar 70 bis 80 %. Und dafs zweitens in denjenigen Grafschaften wo die Herabsetzung am gröfsten war, die Krisis noch am strengsten fortdauert.

Der Schlufs, dafs die Pachtabgaben vielfach zu hoch sind, wird insbesondere bestätigt durch 103 Wirtschaftsrechnungen, von denen mehr als die Hälfte, nämlich, 69 von Pächtern herrühren. Dieselben zeigen, daſs der Profit bei einigen nur 26,66 % des Brutto- Pachtzinses inkl. Zehntlast ausmachte, während doch bis zum Jahre 1854 das Durchschnittseinkommen eines Pächters auf 43,75 % des Gesamtpachtzinses in England und Wales veranschlagt wurde. Die Verluste der Farmer, die durch solche Rechnungen und zahlreiche andere Aussagen bestätigt werden, erhöhen die Wahrscheinlichkeit, daſs die Pachtzinsen in vielen Fällen das Maſs überschreiten.

Allerdings darf man nicht vergessen, daſs sie groſsen Schwankungen unterliegen und daſs die ganze Pachtzinsfrage so gewissenhaft sie auch von den Pächtern zu beurteilen versucht wird, doch immer eine Interessenfrage ist: der Verpächter will hohen, der Pächter niedrigen Zins. Dieser Antagonismus tritt zu Tage in den aus beiden Lagern stammenden Aussagen. Die Meinung der Landeigentümer, Agenten und — einiger Pächter geht dahin, daſs die Pächter ja die Macht in ihren Händen hätten, um Anpassung der Pachtraten an den Ertrag des Gutes durchzusetzen und in der groſsen Mehrheit der Fälle ist es den Pächtern auch geglückt, von ihren Grundherrn wesentliche und vermutlich auch adequate Reduktionen des Pachtzinses zu erlangen. Die Kommission geht davon aus, daſs der Marktpreis für die Benutzung des Landes, wie er sich in den Pachten wiederspiegelt, der geeignetste Maſsstab für den Wert desselben sei. Mr. Claiy[1]) weicht in seinem Memorandum von dieser Ansicht ab, er bezieht sich namentlich darauf, daſs der Pächter eines Gutes sich vielfach nicht nur mit seinesgleichen zu bewerben habe, sondern es treten noch andere Reflektanten auf, die den Pachtpreis in die Höhe treiben. Liegt z. B. eine Farm mit gutem Wohnhaus und Garten und guter Verbindung in der Nähe einer Stadt, so konkuriert der Pächter mit reichen Kaufleuten oder Industriellen, die einen Landsitz haben wollen, oder denen die damit verbundene soziale Stellung wünschenswert erscheint. In seinem Spezialbericht berichtet Mr. Speier, daſs von 172 neuen Pächtern in Nithsdale nicht weniger als 53 oder nahezu $\frac{1}{3}$ aus der Klasse der Kaufleute und Gewerbetreibenden stamme.

Ferner bieten bei der Verpachtung einer Farm vielfach Spekulanten mit, die den Preis übermäſsig in die Höhe treiben, und schlieſslich sind auch Unternehmer nicht selten, welche wenig eigenes Geld haben und vielleicht gerade deshalb sich um so rücksichtsloser bewerben. M. Claiy verlangt daher, daſs der Grundherr zuerst den

---

[1]) Siehe pag. 152 3 des Final Reports.

Pachtzins fixiere und sich dann aus dem Kreise der Bewerber einen Pächter aussuche, der genügend Kapital und Kenntnisse besitzt, um das Gut befriedigend zu bewirtschaften.

Aber Angebot und Nachfrage haben sich je nach der Güterqualität in den verschiedenen Distrikten des Landes verschieden gestaltet. Auch heute noch herrscht nach Gütern von guter Qualität und günstiger Lage allenthalben rege Nachfrage und die Pächter sind eher bereit, hohe Pachtpreise für gute als niedrige für schlechte Farmen zu zahlen; das Anhalten der Nachfrage beweist in diesen Fällen, dafs man sich nicht verrechnet. Allein diese Klasse Güter repräsentieren nur eine geringe Zahl. Nummerisch viel häufiger sind grofse Güter von mittlerer Beschaffenheit oder Durchschnittsqualität. Hier hat die Nachfrage nachgelassen, und der Zins ist selbst in Wales und Schottland, wo immerhin noch mehr Nachfrage besteht, gefallen. In den hauptsächlich ackerbautreibenden Distrikten des Ostens, wo die Krisis am akutesten ist, können nur mit Schwierigkeit Pächter gefunden werden; die Nachfrage ist vollständig paralysiert; den Zins setzt der Pächter selbst fest, und daher sind dort die Pachterträge meistens ungenügend oder kaum genügend, um daraus die Zehntlast und die Grundsteuern zu bestreiten und den Eigentümer in den Stand zu setzen, das Gut in pachtbarer Verfassung zu halten. Viel Land wird unter 10 Schilling pro Acre verpachtet. Es ist klar, dafs weitere Reduktionen dem Pächter doch nur eine temporäre Hilfe gewähren könnten, wenn seine Mittel mit der zunehmenden Verschlechterung der Austattung des Gutes schwinden. Der Pachtzins ist in diesen Distrikten so niedrig, dafs er eigentlich nur das Äquivalent des Betrages — und oft noch weniger als dies — darstellt, welches der Farmer als selbstwirtschaftender Eigentümer ausgeben müfste, um das Gut in Stand zu halten und die öffentlichen Lasten zu tragen. Eine weitere Erniedrigung der Pachtabgabe würde hier nur die Thatsache zur Folge haben, dafs man früher oder später die Ackerkultur ganz aufgeben müfste.

Aber ohne Zweifel kommen auch Pachtzinsen vor, die hoch erscheinen müssen und man wundert sich, dafs trotz der schlechten Zeiten manche Farmer lieber an einem höheren Pachtpreise festhalten als ihre Pacht aufgeben. In solchen Fällen, sind in der Regel eine Reihe attraktiver Kräfte thätig: die optimistische Hoffnung auf bessere Zeiten, die Kosten des Umzugs, des Verlusts, der infolge des Verkaufs von Vieh etc. entsteht, die Leichtigkeit der Aufbringung der Mittel zur Ernährung einer Familie u. s. w. In diesen und ähnlichen Fällen läfst sich der Farmer nur allzugern verleiten, eine höhere Pacht zu zahlen, als im gewöhnlichen kaufmännischen Sinne klug ist.

Den Fällen, wo ungehörig hohe Pachtabgaben zu entrichten sind, mufs man diejenigen gegenüber stellen wo die Grundeigentümer keine Opfer und Konzessionen gescheut haben, nur um ihre Pächter zu behalten. Dadurch haben sie, wie der Bericht betont, dem öffentlichen Interesse und der Aufrechterhaltung und dem Fortschritt der Landwirtschaft einen grofsen Dienst erwiesen.[1])

Nach diesem Überblick über die konkrete Gestaltung der Pachtzinsfrage kommt die Kommission zu folgendem Ergebnis: „Angenommen, dafs sich die Pachtzinsen im allgemeinen den Bedingungen der landwirtschaftlichen Betriebe angepafst haben oder sich doch bald anpassen werden — und dafür sprechen gewichtige Gründe — so folgt daraus, dafs die Hauptlast der landwirtschaftlichen Krisis immer mehr und mehr von den Pächtern auf die Eigentümer des Landes abgewälzt wird. Es ist das ein Resultat, welches früher oder später vom ökonomischen Standpunkte aus betrachtet unvermeidlich war, wenn nicht die Verpachtung von Land etwa auf einer ganz anderen Basis ruht, als ähnlichen Transaktionen in anderen Geschäftsbranchen. Natürlich mufs man diesen Schlufs in einem ganz generellen Sinne verstehen. Der Prozefs der Anpassung, der vor nunmehr 18 Jahren begann, läfst sich heute noch nicht ohne Ausnahme als vollständig auffassen. Es giebt Grundherren und es giebt Pächter, die den Wert des Landes, welches ihre Einnahmequelle ist, überschätzen. Aber diese Ausnahmen können nach unserer Meinung die grofse Thatsache nicht modifizieren, dafs es in Grofsbritannien einen freien Markt für Farmen giebt, dessen Bedingungen heute vielleicht mehr als in früherer Zeit dem Pächter günstiger sind als dem Eigentümer des Landes.“ Allein die Kommission erklärt ausdrücklich, dafs sie weit davon entfernt sei, zu glauben, dafs die Position der Farmer des Landes ohne Sorgen betrachtet werden könne. Die Farmer haben nicht mehr viel Vertrauen, dafs sich die enorm gesunkenen Preise in Zukunft wesentlich aufbessern werden. Wenn weiteres Sinken im Werte der landwirtschaftlichen Produkte eintreten

---

[1]) Bei der vorstehenden Erörterung ist nicht in Rechnung gezogen worden, dafs einerseits viele Güter schwer gedrückt sind von privaten Lasten, andrerseits eine Reihe Güter Nutzen ziehen aus Einnahmequellen, die mit der Landwirtschaft nichts zu thun haben.

sollte, dann müfsten natürlich auch die Pachtabgaben noch weiter
herabgehen. Die Folge davon würde sein, dafs die Landwirtschaft
in diesem Falle kein Kapital mehr anlocken und die Farmer sich
nicht in Unternehmungen einlassen würden, welche Zeit und Geld für
die Weiterentwicklung der Landwirtschaft erfordern. Andrerseits
sind die Einnahmen des Farmers gefallen mit denjenigen der meisten
anderen Produzenten, und dies macht, wenn man namentlich die
kleineren Besitzer in Betracht zieht, die Bedingungen ihres Lebens
härter und vermehrt die Schwierigkeiten, Kapitalverluste zu ersetzen.

4. Hypotheken-Verschuldung.

Während die Untersuchungskommission, wie in den beiden vorhergehenden Abschnitten gezeigt, von einem Eingreifen der Gesetzgebung in Bezug auf Regelung des Pachtzinses abstrahiert, so hält
sie ein solches doch für notwendig bei der Belastung des Landes mit
Hypotheken.

In Grofsbritannien ist das Land so verschuldet, dafs der Eigentümer
in schlechten Zeiten mehr Hypothekenzinsen bezahlen mufs, als er Pachtzins erhält. Die Gründe hierfür liegen einerseits in der historischen
Entwicklung, andrerseits in den gegenwärtigen Zeitverhältnissen. In
der vor Beginn der Krisis herrschenden Periode der Prosperität
borgten, wie früher gezeigt, die Eigentümer grofse Summen, und die
Kapitalisten zögerten nicht, sie herzugeben, denn sie betrachteten den
zur Landwirtschaft benutzten Grund und Boden als eine sichere
Kapitalanlage für die Überschüsse, die Industrie und Handel ab-
warfen. Der nachfolgende Fall der Pachtzinse verwandelte, wie die
Kommission sich ausdrückt, in vielen Fällen den hypothekarisch
belasteten Eigentümer in wenig mehr als einen Zinseinnehmer für
den Hypothekengläubiger.

Das englische System der hypothekarischen Belastung des Landes
hat hauptsächlich zwei grofse Mängel, deren Beseitigung von den
Interessenten angestrebt wird. Es ist einmal sehr kompliziert und
kostspielig, denn es macht sehr viele Umstände, eine früher aufge-
nommene Hypothek abzulösen. In der Regel sind die Hypothekenzinsen vor dem kürzlich eingetretenen allgemeinen Fall in den Geld-
darlehnsraten fixiert und dieser Rückgang des Zinses ist den verschuldeten Eigentümern wenig oder gar nicht zu Gute gekommen.
Wäre aber das gegenwärtige System der Übertragung einfacher und

billiger, so hätte sich der Grundeigentümer ohne Zweifel den Rückgang des Zinsfufses besser zu Nutze machen können.

In zweiter Linie käme in Betracht, dafs die gegenwärtige Art und Weise das Land mit Hypotheken zu belasten namentlich in Zeiten ungünstiger agrarischer Konjunktur den Verkauf von Land hintanzuhalten strebt; denn kein Teil des Landes darf ohne Einwilligung des Pfandgläubigers verkauft werden. Vielfach müssen erst die Entscheidungen der Gerichte angerufen werden. Die Ausgaben hierfür hat der Hypothekenschuldner zu zahlen. Es wäre aber ohne Zweifel besser, wenn er Stücke seines Landes verkaufen könnte um sich eines Teiles der Schuld zu entledigen. Hält der Gläubiger aber den Verkauf für unvorteilhaft, so soll die Sache vor die Landwirtschaftskammer gebracht werden und diese ist verpflichtet, auf alle Interessen der Beteiligten Rücksicht zu nehmen.

Die beiden Hauptgesichtspunkte, die von der Kommission im Interesse der Landwirtschaft empfohlen werden, sind also erstens die Vereinfachung und Verbilligung des gegenwärtigen Systems der Landübertragung und zweitens Bestimmungen, die dem hypothekarisch verschuldeten Grundeigentümer in den Stand setzen. Teile des verschuldeten Gutes zu verkaufen.

5. Die Zehnt-Abgabe.[1])

In vielen Distrikten Grofsbritanniens verschlingt der Zehnte (tithe) einen ganz ungehörigen Teil von dem Werte des Landes. Es kommt vor, dafs nach seiner Bezahlung dem Eigentümer von der erhaltenen Pachtsumme fast gar nichts mehr übrig bleibt, um Verbesserungen auszuführen. Das ist hauptsächlich in denjenigen Grafschaften der Fall, die am schwersten unter der gegenwärtigen Krisis leiden. So beläuft sich z. B. der Betrag des abgelösten Zehnten in der Grafschaft Norfolk auf 280 533 £, während er in der Grafschaft Lancaster nur 73 983 £ ausmacht.

Als durch die Zehntgesetze in den 30 er Jahren der Zehnte für ablösbar erklärt wurde, waren der Osten, Süden und das Zentrum Englands hauptsächlich Weizen bauende Distrikte und damals hatte der Weizen einen relativ höheren Preis als irgend ein anderes

---

[1]) Siehe II. Report pag. 23'24 Ber. des Vorsitzenden Lord Rendel und Sir Robert Giffens und Final Report pag. 122,123.

landwirtsahaftliches Produkt. Demgemäfs war auch der Zehnte dort höher als in den Weidedistrikten. Die Ablösungssummen geben ein deutliches Bild dieses Kontrastes. Nach Mr. Pringle beliefen sich dieselben für:

Essex	auf 6 s		per Acre	Berkshire	auf	4 s	8$^1{/}_2$ d	per Acre
Kent	„ 6 „ 9$^1{}_2$ d	„	„	Hantshire	„	4 „	10	„ „ „
Suffolk	„ 5 „ 3$^1{}_2$ „	„	„	Sussex	„	4 „	8	„ „ „
Norfolk	„ 5 „ 1$^3{}_1$ „	„	„					

Dagegen betrugen die Ablösungssummen für:

Lancashire	1 s 9$^1{/}_1$ d per Acre
Lincolnshire	1 „ 7$^1{}_2$ „ „ „
Leicester	1 „ 3$^1{/}_2$ „ „ „
Northampton	1 „ 1$^1{}_2$ „ „ „
Yorkshire. East Riding	1 „ 3$^1{}_2$ „ „ „
North Riding	2 „
West „	1 „ 5$^3{/}_1$ „ „ „
Cumberland	— „ 9$^3{/}_4$ „ „ „
Westmoreland	— „ 6$^1{}_2$ „ „ „

Im Laufe der Zeit aber ist der Zehnte, der damals gerecht-fertigt war und bis jetzt noch nicht abgelöst ist, infolge der stark gesunkenen Rentabilität des Kornbaues zu einer drückenden Last ge-worden, obgleich er nicht mehr so hoch wie früher ist. Wo der Zehnte den Ertragswert des Landes erreicht oder gar überschreitet, da verschwindet das Interesse des Landeigentümers an Verbesserungen des Kulturzustandes seines Bodens und wirkt gerade dadurch einen gesunden Fortschritt in der Landwirtschaft entgegen. Wenn aber das der Fall ist, mufs die Gesetzgebung eingreifen. Das ist auch aller-dings in ungenügender und unwirksamer Weise durch die Tithe Act vom Jahre 1891 geschehen. Dieses Gesetz sollte verhindern, dafs Land infolge drückender Zehntlasten aufser Kultur kommen. Es traf daher die Bestimmung, dafs der Zehntner in einem Jahre nicht mehr als $^2{/}_3$ des gesamten Ertragswertes des Landes zehnten solle. Wäre die Zehntlast höher, so sollte der Zehntner das Recht haben, sich an den County Court des betreffenden Distrikts zu wenden, damit der für das Jahr zu zahlende Betrag auf $^2{/}_3$ des Bruttowerts reduziert werde. Zur Orientierung wollen wir bemerken, dafs der jährliche Wert des Landes in Schedule B des Einkommensteuergesetzes von 1853 nur zur Hälfte der Besteuerung unterliegt. Nach Sec. 8 der Tithe Act von 1891 ist aber nicht die Hälfte, sondern der volle Ertrags-wert des Landes zu Grunde gelegt. Die Kommission beantragt daher, dafs eine Remission der Zehntlast bis zur Hälfte der Besteuerung unter Schedule B eintrete; aufserdem soll der Erlafs von Pachtzinsen und nicht eintreibbarer Pachtraten bei der Einschätzung in Rechnung gezogen werden. Ein Berufungsrecht soll möglich sein, selbst wenn die Besteuerung unverändert bleibt.

Aufserdem werden von der Königlichen Untersuchungskommission noch einige Verbesserungen der Tithe Act juristisch formaler Natur angestrebt, die hier füglich übergangen werden können.

6. Meliorations-Kredit.

Es empfiehlt sich an dieser Stelle. die im Sekond-Report (Pag. 17—19) gemachten Vorschläge in Bezug auf die leichtere Erlangung des Kredits für Verbesserungen kurz darzulegen.

Die Kommission verlangt Erleichterungen in Bezug auf die Gewährung von Darlehen für landwirtschaftliche Meliorationszwecke; denn die eingreifenden Änderungen des Kultursystems in den meisten Distrikten, die Reduktion der Pachtzinsen und das starke Wachstum der auf dem Grund und Boden ruhenden Lasten haben dem Grundherrn wenig und kein Kapital für derartige Zwecke übrig gelassen. Wenn ihm daher nicht niedrig verzinsliche Darlehn für längere Perioden zur Verfügung stehen, dann ist er nicht imtande. den Forderungen seiner Pächter und Arbeiter in Bezuch auf Bau und Verbesserung von Arbeiterwohnungen, Feldeisenbahnen etc. nachzukommen.

Alle Zeugen waren sich darüber einig. dafs für solche Zwecke der Staatskredit in Anspruch genommen werden sollte. Allein die Fähigkeit der Regierung in dieser Hinsicht ist leider nur eine beschränkte. Selbst in Bezug auf die Verbesserung der Wohnungen der arbeitenden Klasse, der das Parlament sehr wohlwollend gegenüberstand, ist das Schatzamt nicht fähig gewesen. Vorschüsse zu einem niedrigeren Zinsfufse als $3\frac{1}{8}$ % für 20, $3\frac{1}{4}$ % für 30, $3\frac{3}{8}$ % für 40 und $3\frac{1}{2}$ % für 50 Jahre zu gewähren. Den Kredit suchenden Landwirten stehen aufser den Darlehen der Regierung auch solche aus privaten Quellen zur Verfügung. Besonders sind hier die vier Gesellschaften zu erwähnen, die zu diesem Zwecke unter dem Private Acts of Parliament inkorporiert wurden. Diese Gesellschaften schiefsen Kapitalien vor zu $3\frac{7}{8}$ bis 5 % für 31 Jahre, zu 3 bis $4\frac{1}{2}$ % für 25 Jahre und zu 4 bis $4\frac{1}{2}$ % für 20 Jahre (1894). Würde das Parlament zu den unter der Housing of the Working Classes Act

von 1890 gemachten oben erwähnten Zinsraten Vorschüsse aus dem
öffentlichen Fonds auch für die Meliorationen ausführenden Pächter
gewähren, so würde das ein grofser Nutzen für diese sein, namentlich dann,
wenn die Termine der Rückzahlung noch weiter ausgedehnt würden.
Der längste Termin, wie er durch die Land Act vom Jahre 1864
festgesetzt wurde, ist 25 Jahre. Er erscheint auch der Kommission
zu kurz für die Fälle, wo es sich um den Bau von Gebäuden einschliefslich Arbeiterwohnungen um Wege, Eisenbahnen, Kanäle, Docks,
etc. handelt. In diesen Fällen schieben auch private Geldleiher den
Rückzahlungstermin weiter hinaus. Was schliefslich die Höhe der zu
erwartenden Ausgaben anbelangt, die von der Regierung vorgeschossen
werden sollen, so lassen sich dieselben ohne Bedenken mit jenen vergleichen, die gegenwärtig von den Improvement Companies getragen
werden.

Die Kommission kommt in Erwägung dieser 3 Punkte zu dem
Schlufs, dafs gegenwärtig Vorschüsse durch den Staatskredit in
beschränktem Mafse und mit hinlänglicher Sicherheit für landwirtschaftliche Verbesserungen von sehr grofsem Vorteil sein würden,
nicht nur für den Grundeigentümer, sondern auch für den Pächter
und Arbeiter.

7. Verbesserung der Milchwirtschaft.

Auf dem Gebiete der landwirtschaftlichen Produktion eröffnet
sich namentlich für die Viehhaltung und Milchwirtschaft noch ein
grofses Gebiet der Bethätigung und der Aussicht auf Erfolg, wenn
zeitgemäfse Reformen noch mehr Platz greifen. Ehe wir zur Schilde-
rung der Letzteren eingehen, wollen wir uns noch einmal die Bedingungen vergegenwärtigen, unter denen die Milchwirtschaft Grofsbritanniens arbeitet.

Es ist schon öfters darauf hingewiesen worden, dafs der Druck
der Krisis auf den milchwirtschaftlichen Betrieben weniger als auf
den hauptsächlich Getreide produzierenden lastet; obgleich bei den
Ersteren infolge der fremden Konkurrenz in Molkereiprodukten nicht
unwesentliche Verluste stattgefunden haben. Nach den jährlichen
Handelsberichten hat sich seit 1886 der Nettobetrag der importierten
Butter nahezu verdoppelt. Der Import betrug:

1886:	1 452 000 Cwts.
1895:	2 750 000 „

Von der Gesamteinfuhr entfielen 1895 nicht weniger als 1 162 770 Cwts. auf Dänemark und 454 843 Cwts. auf Frankreich.

Die nach dem Vereinigten Königreich eingeführten Quantitäten Margarine beliefen sich:

1886 auf 870 000 Cwts.

1895 „ 922 000 „.

Seit 1892 — dem Jahre des Maximal Imports von 1 293 000 Cwts. — ist eine stetige Abnahme des Imports eingetreten.

Auch der Nettoimport von Käse ist gestiegen, er betrug

1886: 1 673 000 Cwts.

1895: 2 063 000 „

Die höchste Einfuhrziffer fiel auf das Jahr 1894 2 196 000 Cwts. Der Niedergang der Käsepreise hängt zusammen mit den enormen Lieferungen von Hammelfleisch, dessen Preis nur 2 d pro Lb. beträgt und das die arbeitenden Klassen infolge seiner gröfseren Wohlfeilheit dem Käse vorziehen. Der gesteigerte Konsum dieses billigen Hammelfleisches hat ohne Zweifel die verbreiteteren Käsesorten im Preise gedrückt.

Der fremde Wettbewerb in Butter und Käse hat dazu geführt, dafs der englische Farmer sich mehr mit dem Handel und Verkauf roher Milch befafst. Dieses Geschäft ist nicht nur rentabler, sondern auch mit weniger Mühe und Risiko verbunden. Allerdings ist in den letzten 10 Jahren die Zahl der Kühe in Grofsbritannien trotz der Vermehrung des Weidelandes zurückgegangen und zwar um 51 865 Stück.

1886: 2 537 865 Stück

1895: 2 486 000 „

Was die Butter anbelangt, so ist besonders hervorzuheben, dafs die fremde Butter, die bei dem englischen Publikum immer gröfsere Beliebtheit erlangt, infolge ihrer gleichförmigeren Beschaffenheit, Farbe und Textur dem heimischen Produkt starke Konkurrenz bereitet. Dazu kommt noch, dafs es schwer ist, genügende und namentlich feine Qualitäten englischer Butter in gewünschter Verpackung zu erhalten. Namentlich in den Wintermonaten ist der Vorrat aufserordentlich gering. Die in Grofsbritannien errichteten Creameries und Factories haben die Qualität der Butter zwar nicht unwesentlich verbessert. Eine weitere Ausdehnung derselben auf genossenschaftlichem Wege würde viel zu einer noch weiter gehenden Verbesserung

des Fabrikates beitragen, zumal die Bedingungen in England günstige
sind. In dem genossenschaftlichen Molkereisystem liegt ja auch das
Geheimnis des Erfolges der dänischen Butterproduzenten.

Aufser der Förderung des Genossenschaftswesens wäre auf eine
gröfsere Belehrung der Farmer in milchwirtschaftlichen Dingen hin-
zuwirken, hierin wird heute schon erhebliches geleistet. 47 von 49
County Counciels sind bestrebt, durch Technical Education Com-
mittees, welche Wanderlehrer einsetzen, Molkereischulen gründen etc.,
Theorie und Praxis des Molkereiwesens zu fördern. In vielen
Fällen sind die Resultate dieser Belehrungen befriedigend gewesen
und haben Verbesserungen in der Milchwirtschaft zur Folge gehabt.
Nur sehr wenige Aussagen fällen ein absprechendes Urteil in dieser
Beziehung.

Soll das Molkereiwesen Grofsbritanniens gehoben werden, so ist
es also vor allem notwendig, die Verarbeitung der Produkte zu ver-
bessern und ein gleichmäfsigeres Aussehen derselben herzustellen.

Weiter ist betont worden, dafs eine Ausdehnung genossen-
schaftlich betriebener Factories und Creameries sehr im Interesse der
englischen Produktion liegt und dafs eine weitgehende wissenschaft-
liche Belehrung in Bezug auf milchwirtschaftliche Dinge wie z. B.
Auswahl geeigneter Zuchttiere, ihre Fütterung und Pflege und die
Details der Butter- und Käsefabrikation erforderlich ist.

Die englischen Farmer sollten vor allen Dingen mehr Gewicht
auf die Rasse legen. Es ist bekannt, dafs manche Rassen eine bessere,
fettreichere Milch geben als andere. Aber in vielen englischen Wirtschaften sind die Kühe erstens keine Butterkühe und zweitens weder
genährt noch gezüchtet auf bessere Milcherträge. Es sollte daher auf
Spezialzuchten und individuelle Auslese der Kühe in den Herden
mehr Aufmerksamkeit gerichtet werden. Auch müfste die Milch
jeder Kuh periodisch nach ihrem Fettgehalt untersucht werden. Die
Fütterung der Kühe geschieht viel zu wenig nach wissenschaftlichen
Prinzipien, sie erhalten häufig viel mehr Futter als notwendig, oder
eine Nahrung, die die Milch nicht besser macht. In Dänemark haben
die Molkereigenossenschaften Regulative erlassen, die die Fütterung
und Haltung des Milchviehes im Interesse der Erlangung einer einheitlichen Qualität der Butter vorschreiben, insbesondere Futterstoffe
verbieten, die auf die Butter einen ungünstigen Einflufs ausüben, z. B.
ihren Geruch beeinträchtigen.

Ferner ist häufig betont worden, dafs die peinlichste Reinlichkeit
in der Milchviehhaltung und der Milchbehandlung geboten ist. Die

Aussagen zeigen, dafs noch vielfach in den Ställen und der Umgebung der Kühe unsaubere und ungenügende Verhältnisse die Oberhand haben. Auch in dieser Beziehung haben die dänischen Genossenschaften durch strikte Vorschriften Wandel zu schaffen gewufst, so dafs die Gewinnung einer süfsen reinen Milch und die Vorbeuge der Ausbreitung von Infektionskrankheiten als gesichert erscheint.

Schliefslich sei noch besonders hervorgehoben, dafs Klima und Boden von Grofsbritannien in Bezug auf Milchwirtschaft und Molkereiproduktion denen von Dänemark und Schweden nicht unterlegen sind. Der britische Farmer hat ferner — wenn der Import frischer Milch die Tendenzen beibehält, die er in letzter Zeit angenommen hat, — ein natürliches Monopol auf dem Milchmarkt seines Landes. In Bezug auf die Produktion von Butter und Käse würde er sich noch besser stehen, wenn die Betriebsmethoden mehr vervollkommnet und die Ausbreitung des Genossenschaftssystems sowohl in Bezug auf die Verarbeitung als auch auf den Absatz der Produkte noch mehr gehoben würde.

8. Schaffung kleiner Güter.

Die historische Entwicklung der britischen Landwirtschaft hat bekanntlich zu einer fast vollständigen Zerreibung des Bauernstandes, wie wir ihn beispielsweise in Deutschland noch haben, geführt und zwei einander wirtschaftlich und sozial schroff gegenüberstehende Klassen geschaffen: grofse Grundeigentümer und Pächter auf der einen und Arbeiter auf der anderen Seite. Man hat sich aber vielfach bemüht, in diese Besitzgruppierung künstlich einen Stand kleiner Eigentümer oder Besitzer hineinzuschieben, und wir wollen im folgenden sehen, von welchen Resultaten diese Bestrebungen gekrönt wurden und welche Stellung dazu die Königl. Untersuchungskommission einnimmt.

Im Jahre 1892 wurde ein Gesetz, The Small Agricultural Holdings Act, erlassen, welches den Zweck hatte, die Schaffung kleiner Güter zu begünstigen. Die Grafschaftsbehörden sollten das Recht haben, Besitzungen zu kaufen, sie aufzuteilen und die einzelnen Stücke wieder zu verkaufen oder zu verpachten. Der Staat selbst schofs Gelder zu niedrigem Zinsfufse vor. Wie hat sich nun dieses Gesetz, welches darauf ausging eine Klasse kleiner Eigentümer und Besitzer an Land zu schaffen, bewährt?

Nach den Berichten des Ackerbauamts sind nur in 11 Graf-

schaften Grofsbritanniens Schritte gethan worden, um gröfsere Flächen
zu parzellieren; nur 483 Acres sind von den County Councils gekauft und als kleine Güter verpachtet worden. In Lincolnshire waren
es 135 Acres, die in 56 kleine Parzellen geteilt wurden; in Wor-
cestershire wurden 147 Acres gekauft und in 32 Lose geteilt; in
West Sussex 40 Acres und in Rosshire 83 Acres, von denen letztere
auf 25 Personen entfielen. — Die anderen Käufe sind unbedeutend.
In 41 anderen Grafschaften hat man sich zwar um Schaffung solcher
Güter an die County Councils gewendet. Diese aber haben aus verschiedenen Gründen die Gesuche abgelehnt. In 45 Grafschaften
schliefslich sind überhaupt keine Gesuche gemacht worden. Es mufs,
um dieses Resultat zu erklären, hinzugefügt werden, dafs die ganze
Vorkehrung durch das Gesetz von 1894 betreffend die Schaffung von
Parish Councils aufgehoben wurde. Die Zeit seiner Wirksamkeit war
daher viel zu kurz, um gröfsere Erfolge herbeizuführen.

Es existieren aber einige Fälle, wo Landeigentümer selbst mit
Erfolg kleine Güter geschaffen haben. In Wiltshire z. B. wurden
112 Acres aufgeteilt; die Gröfse der einzelnen Parzellen schwankte
zwischen ¹⁄₄ und 16 Acres, der Preis für dieselben von 8 £ bis 30 £
per Acre je nach der Qualität des Landes und der Entfernung vom
Dorfe — der Durchschnitt belief sich auf 15 £ per Acres. Das
Land wurde entweder gleich bezahlt oder es wurden für die Dauer
von 14 Jahren alljährlich Abzahlungen des Kapitals und der Zinsen
gemacht. Das Unternehmen begann im Oktober 1892 und bereits im
Juli 1894 hatten nicht weniger als 13 der kleinen Grundbesitzer
Häuser auf ihren Parzellen errichtet. Zu beachten ist, dafs diese
Leute nicht ausschliefslich auf ihrem Besitztum beschäftigt waren, son-
dern auch in den umliegenden Forsten oder auf benachbarten Wirtschaften.

Nach der Meinung von Mr. Harris, eines Grundeigentümers in
North Devon hat die Errichtung solcher kleiner Güter zu einer Vermehrung der landwirtschaftlichen Bevölkerung in seinem Distrikt geführt. Entscheidend für das Fortkommen der Kolonisten aber ist,
wie er besonders hervorhebt, der Umstand, dafs sie noch nebenher
etwas verdienen müfsen, da sie von dem Ertrage ihres Besitztums nicht
zu leben vermögen.

Über eine nur 3 Acres grofse Wirtschaft eines kleinen Besitzers
berichtet Mr. Rew in seinem Report über Devonshire folgendes: Der
Pachtpreis für das Land beträgt 4 £ und für das Haus 5 £. Er
bearbeitet den bestellten Acker nach dem Vier-Feldersystem: Hafer

Wurzelgewächse, Hafer, Sämereien. Er borgt sich den Pflug und zahlt für Pflug, Pferd und Pflüger 8 sh pro Tag. Er hält eine Kuh, die er vom Mai bis Juli auf die Mohrweide schickt, wofür er 1 sh zu entrichten hat. Das Kalb wird nicht aufgezogen, sondern nach 14 Tagen verkauft. Die Butter wird ebenfalls abgesetzt und zwar zu einem Preise von 10 bis 15 d per Lb. Aufser diesen Einnahmen verdient er noch 2 sh pro Tag auf einer angrenzenden Wirtschaft.

Allein es fehlt auch nicht an ungünstigen Resultaten und trüben Erfahrungen wie aus den folgenden Mitteilungen hervorgeht. Mr. Hall in Six-Mile-Bottom in Cambridgeshire fafste, wie Mr. Fox in seinem Report (pag. 58) berichtet, aus philantropischen Gründen, die durch keine geschäftlichen Rücksichten getrübt waren, den Plan, auf seinem Gründstück kleine Ansiedlungen, die in erster Linie für ländliche Arbeiter bestimmt waren, einzurichten.

Allerdings bestand keine wirkliche Nachfrage nach solchen kleinen Gütern und auch der Boden war nicht geeignet zum Gemüsebau. Während des grofsen Arbeitsausstandes fühlte er es besonders nabeliegend, die sozialen Unterschiede, die zwischen Farmer und Arbeiter entstanden waren und beide einander entfremdet hatten, durch Schaffung einer Mittelklasse auszugleichen, die dem sozialen Niveau des Arbeiters näher als dem des Grofsgrundbesitzers stehe. Damit hoffte er die trennenden Unterschiede zwischen Beiden beseitigen zu können. Mit grofsen Hoffnungen wurde das Projekt in die Praxis umgesetzt und eine Anzahl kleiner Besitzer, ausgestattet mit einer Reihe von Vorteilen, angesiedelt. Die Wohnungen waren befriedigend eingerichtet und das Land gut drainiert und gedüngt. Die Lose hatten alle möglichen Gröfsen, so dafs Leute, in welchen Verhältnissen sie auch sein mochten, dieselben mit Vorteil erwerben konnten. Es war ihnen die Möglichkeit gegeben, auf einem kleinen Stück Land ihre Arbeit zu beginnen und sich nach und nach mehr hinzu zu erwerben. Den Arbeitern wurde auch das nötige Kapital angeboten, falls sie sich bereit erklärten zu bleiben. Welche Erfolge hat nun dieses Experiment gezeigt? Hören wir Mr. Hall selbst: die Hälfte der Kolonisten hat einen bescheidenen Erfolg erzielt, ein Viertel kämpft einen harten Kampf ums Dasein und das andere Viertel ist bankerott. Diejenigen aber, denen die Einrichtung am meisten zu gute kam, waren nicht die Arbeiter, zu deren Wohlfahrt doch der Versuch in erster Linie unternommen war, sondern Leute von anderem Berufe, hauptsächlich Dorfkrämer, die das beste Land erwarben und es dazu benutzten, um Gemüse für den eigenen Konsum zu bauen, eine Kuh zu halten und ein Pferd zu weiden. Aber auch diese Leute sind der Zinsabgaben überdrüssig geworden und haben teilweise das Land zurückgegeben. Das Experiment kann nach alledem als mißlungen bezeichnet werden.

Werfen wir nun noch einen Blick auf die Lage kleiner Güter, die schon seit jeher bestanden haben. Sehr instruktiv hierüber ist der Bericht von Mr. Pringle, der sich über einen Distrikt der Grafschaft Lincoln, den Isle of Axholme, der berühmt ist als Centrum bäuerlicher Besitzungen und kleiner Güter, wie folgt verbreitet: Die Lage dieser Güter, von denen die meisten noch nicht 20 Acres groß sind, ist eine sehr düstere und traurige. Die Pächter sind noch besser daran als die Eigentümer. Die meisten der letzteren kauften oder erbten ihre Güter in einer Periode landwirtschaftlicher Prosperität; jetzt sind sie stark verschuldet. —

In New Forest hingegen befinden sich die Pächter kleiner Güter wieder in besseren Verhältnissen und es ist nicht uninteressant, die Bedingungen, unter denen sie wirtschaften, kennen zu lernen. Der Bericht sagt, daß es wesentlich 3 Faktoren sind, die den kleinen Pächter gut situieren. Erstens das Land, zweitens gewisse gemeine Rechte, wie das Weiderecht für Kühe und Pferde, das Recht freier Feuerung, des Torfstechens auf fremden Boden und der Eichelmast und drittens das Recht zum Betriebe von Kleingewerben, wie Hausieren und Handel mit Kramwaren oder Vieh. Diese den kleinen Grundbesitzern gewährten gesetzlichen Konzessionen haben ein ganz außerordentliches Resultat gehabt. Mr. Eyre, der Berichterstatter über diese Verhältnisse, sagt Folgendes: „Sie sind etwas ganz außergewöhnliches für mich; je mehr ich Einblick in dieselben erhalte und je mehr ich den Stand der Dinge in New Forest beurteilen lerne, desto erstaunter bin ich. Die Art und Weise, wie diese Leute arbeiten, wie sie sparen und wie sie Geld zu haben scheinen, wenn sie es für ihre Zwecke brauchen, ist mir mitunter vollständig ein Geheimnis geblieben, aber ich weiß, daß es so ist!" Die Ländereien dieser kleinen Leute stehen in hoher Kultur, die Pachtabgaben belaufen sich auf ca 2 £ pro Acre, ohne daß ein Zehnt erhoben wird.

Auf der Grundlage eines großen Materials hält es die Kommission für geeignet, daß eine graduelle Abstufung in den Besitzgrößen von den kleinsten Gütern an nach aufwärts am meisten wünschenswert sei und daß unter günstigen Bedingungen in Bezug auf Boden und Lage kleine Leute in ihrem Streben nach Landerwerb unterstützt werden sollen. Das Haupthindernis für die Entwicklung kleiner

Güter, die durch Aufteilung gröfserer Flächen entstanden sind, liegt
in der notwendigen Kapitalausgabe für Gebäude und in dieser Hinsicht ist der auf kleine Wohnhäuser und Baulichkeiten verwendete
Anteil ein viel höherer als das im Verhältnis bei gröfseren Gebäuden
der Fall zu sein pflegt. Ebenso wie die Kommission die Gewährung
von Darlehen an die Grundherren für Verbesserungen befürwortete,
wie an anderer Stelle gezeigt, so hält sie es an diesem Ort für notwendig, dafs die Erichtung kleiner Güter wesentlich durch Kapital-
vorschüsse, zu billigem Zinsfufs, zu leichten Rückzahlungsbedingungen
und für längere Perioden als sie die bestehenden Land Compagnies
gewähren von seiten der Regierung unterstützt werde.

9. Die Jagdgesetze.

Nach römischem ebenso wie nach gemeinem englischen Recht gehört das Wild niemandem, es ist res nullius; nur wer es tötet oder
fängt, gleichgültig auf wessen Grund und Boden, in dessen Eigentum
geht es über. Die Gesetze, die der in hohem Mafse dem Sport er-
gebenen ländlichen Grundaristokratie das Wild auf ihren Gütern
sichern sollen, sind die Game Laws. Zu ihnen gehört auch die im
Jahre 1880 erlassene Ground Game Act, die es dem Pächter gestattet,
zu gewissen Zeiten das Wild selbst auf seinen Feldern zu schiefsen.

Der Grundzug der Aussagen über dieses Gesetz geht dahin, zu
zeigen, dafs es bis zu einem gewissen Grade befriedigend gewirkt und
die Pächter vor Wildschaden geschützt hat. Doch sind auch Wünsche
nach Verbesserungen laut geworden. Manche Pächter wollen eine
Beseitigung der Beschränkungen, welche ihnen in Bezug auf die
Kaninchen und Hasenjagd auferlegt sind; andere gehen noch weiter
und verlangen, dafs der Pächter überhaupt das unbeschränkte Recht
haben solle, Wild auf seinen Feldern zu töten. Da vor allem die
Kaninchen vielen Schaden verursachen, so müfste es den Farmern
gestattet werden, sie wegzuschiefsen. Andere aber sind mit den Bestimmungen des genannten Gesetzes auch in Bezug auf seine ein-
schränkenden Bestimmungen vollständig zufrieden, sie betrachten es
als einen Schutz und eine Wohlthat für den Pächter.

Im allgemeinen scheint die Zahl der Hasen seit dem Erlafs
der Ground Game Act abgenommen zu haben. Viele Übelstände
allerdings hat die getrennte Verpachtung das Jagdrechts hervorgerufen. Ein Farmer kann das Recht erlangen, die Jagd auch auf
anderen Gütern auszuüben. Daraus entstehen viele Reibungen.

Diese Jagdverpachtungen aber haben auch ihre Lichtseite für die Landwirtschaft. So wird aus Norfolk von Mr. Rew berichtet, dafs eine Anzahl reicher Leute Land nur um der Jagd willen gepachtet haben, welches sonst verlassen sein würde. Viele Güter mit leichtem Boden werden von passionierten Jägern in Pacht genommen und dadurch vor dem Untergange bewahrt. Fälle, in denen die Jagdrente die landwirtschaftliche überschreitet, sind nicht ungewöhnlich. Daher wird heute noch in Norfolk dem Rebhuhn und dem Jäger zu Liebe viel Land unter dem Pfluge gehalten. Auf einem grofsen Teil des Landes üben die Pächter selbst das Jagdrecht aus.

Was die Frage des Wildschadenersatzes anbelangt, so ist hervorzuheben, dafs derselbe von dem Grundherrn getragen werden mufs. Es kommen Fälle vor, wo dieser den Ersatz verweigert und der Pächter infolgedessen die Farm verläfst. Dem Pächter steht das Recht zu, den Grundherrn für den Schaden zu verklagen, der ihm durch das Wild verursacht wird. Es ist auch entschieden worden dafs der Pächter eine Überfüllung seiner Flur mit Jagdberechtigten die seinen Feldern Schaden zufügen würden, verhindern kann. Desgleichen ist es zu verurteilen, wenn jemand auf seinem Besitztum zu viel Wild duldet, welches den Nachbar schädigt. Sic utere tuo ut alienum non laedas. Der Weg, welcher zur Erlangung des Schadenersatzes einzuschlagen ist, ist ausgedehnt und kompliziert und es darf daher nicht überraschen, dafs Fälle, wo man ihn einschlägt, um Kompensationen zu erlangen, selten sind. Die Kommission wünscht daher, dafs Wildschäden auf eine möglichst einfache Weise ersetzt werden können.

10. Eisenbahn-Frachten.

In Grofsbritannien sind die Eisenbahnen nicht verstaatlicht, sondern in den Händen grofser Privatgesellschaften. Daraus haben sich mancherlei Mifsstände ergeben, die von den Farmern, vornehmlich nach zwei Richtungen hin beklagt werden:

1. Die Privateisenbahngesellschaften fordern vielfach für die nach dem Markte aufgegebenen landwirtschaftlichen Produkte zu hohe Frachten, namentlich dort, wo keine Konkurrenzlinien bestehen.

2. Sie benachteiligen die Beförderung britischer Produkte dadurch, dafs sie verhältnismäfsig höhere Frachten für dieselben erheben, als für den Transport fremder Waren nach dem-

selben Markt. Dadurch wird der Wettbewerb der letzteren noch schärfer fühlbar.

Was den ersten Punkt anbelangt, so verdient folgendes hervorgehoben zu werden. In den einzelnen Teilen Englands haben die Frachtsätze verschiedene Höhen. In Cornwall z. B. werden höhere Eisenbahnabgaben gefordert, als anderswo. Die Ungleichheit der Frachten namentlich für den Transport von Quantitäten unter 2 Tons werden von den Farmern besonders drückend empfunden, da diese die Regel bilden. Die hohe Eisenbahnfracht hat viele Übelstände im Gefolge: Sie hindert die Farmer, Dünger aus den gröfseren Städten zu beziehen, wo er verhältnismäfsig billiger gekauft werden kann. Die Gärtner können nur grofse Partieen Obst an die Handelsleute absetzen; die Versendung kleiner Quantitäten direkt an Konsumenten, z. B. an die grofsen Hotels, wird durch den relativ teuren Transport unmöglich gemacht. Die Eisenbahnfrachten zehren den Gewinn auf. Ebenso transportiert man Vieh lieber 50 Meilen auf der Chaussee, als per Eisenbahn. Im ersten Falle betragen, wie Mr. Fox aus Lincoln berichtet, die Kosten 1 sh, im letzteren 3 und 4 sh pro Kopf. Auch der Milchhandel wird von den Eisenbahnfrachten stark beeinflufst. Die letzteren sind namentlich seit 1892 gewachsen und zwar um 6¹₄ %. Das erklärt sich, wie Mr. Carrington-Smith, der Vorsitzende der Landwirtschaftskammer von Staffordshire berichtet, daraus, dafs die Gesellschaften die Milch per Imperial gallon und nicht per Barn gallon verfrachten, d. h. sie transportieren jetzt 16 Gallonen für denselben Preis als früher 17. Ein Farmer aus Farringdon in Berkshire giebt an, dafs die Transportkosten für ein „Butterfafs" Milch, das täglich nach London geliefert wird, also eine Entfernung von 70 Meilen zu durchlaufen hat, nahezu 30 £ pro Jahr ausmachen. Ähnliche Klagen über die dem Milchtransport auferlegten Bedingungen liefsen sich noch viele anführen.

Allerdings wird von den Interessenten und auch einigen Farmern geleugnet, dafs die Frachten vielfach übermäfsig hoch seien. Sie verweisen vor allen Dingen darauf, dafs seit 1894 ein Gesetz besteht, welches bestimmt, dafs Beschwerden über zu hohe Tarife der Eisenbahngesellschaften von den Eisenbahnkommissaren geprüft werden sollen. Werden die Frachtsätze zu hoch befunden, dann müssen die Gesellschaften sie reduzieren.

In Bezug auf den zweiten Hauptpunkt, die Preferentialtarife, sind die Klagen ganz allgemein. Mr. Berry, ein Hopfenzüchter in Kent und Mitglied der Council and Executive Commitees of the Man-

sion House Association on Railway and Canal Traffic und ein Vertreter des Centrallandwirtschaftsamts giebt viele Beispiele bestehender Vorzugstarife der Londoner, Chathamer und Dover Eisenbahn.
Er behauptet, dafs wenn der britische Farmer ebenso behandelt würde,
wie der ausländische, die Transportkosten von einer Kartoffelernte
von Kent nach London 2 £ auf den Acre geringer sein müfsten, und
das würde dem vollem Pachtzins für diese Fläche gleichkommen.
Ebenso geniefst der ausländische Produzent für die Tonne Äpfel einen
Vorzug von 10 sh vor dem britischen Obstzüchter. Ferner wird aus
Schottland berichtet, dafs die Eisenbahngesellschaften kanadisches
Vieh von schottischen Häfen nach England billiger transportieren als
schottisches.

Alle diese Tarife zeigen eine Begünstigung der ausländischen vcr
der heimischen Ware. Die Ursache hierfür liegt darin, dafs den
Eisenbahngesellschaften das Recht zusteht, für die Beförderung der
ersteren Rabatte zu gewähren. Diese aber sollten nicht mehr als
5 bis 15 % betragen.

Für die Preferentialtarife spricht hauptsächlich der Umstand, dafs
die Handhabung bei der Verladung ausländischer Produkte eine
leichtere ist. Für Güter. die vom Auslande kommen, wird die See-
fracht und die Eisenbahnfracht nicht getrennt erhoben, sondern zusammen als „through rate.''

Die auf den Schiffen der Amerikalinie importierten Fleisch-
mengen sind sehr ausehuliche. Die Fracht beträgt für ein Minimum
von 5 Tons 17 sh 6 d inkl. 5 sh für Abfuhr nach dem Smithfield Market.
Dieses Fleisch wird quadriert, jedes Viertel in Leinwand gepackt und
so läfst sich das Ganze gut verladen. Das englische Fleisch aber
wird entweder ohne Emballage oder in Körben verschickt und in nur
kleinen Konsigmenten von 4 oder 5 Cwts. Beim Transport desselben
ist grofse Sorgfalt nötig, um es frisch zu erhalten. Dazu kommen
nun noch die kleinere Entfernung und die schwierigere Ausladung
des unverpackten Fleisches. Daher läfst sich eine gleiche Tarifi-
rung ausländischen und inländischen Fleisches nicht durchführen.

Ebenso liegen die Verhältnisse beim Heu. Die Eisenbahngesellschaften laden weder englisches noch fremdes Heu ein oder aus.
Das letztere wird auf den Docks von besonderen Shipping Compagnies verladen oder von der Eisenbahngesellschaft, wenn sie Eigen-
tümerin des Docks ist. Die Heumassen sind in beiden Fällen genügend
in besondere Waggons (trucks) zu füllen; aber das fremde Heu ist
hydraulisch oder durch Dampf geprefst und in einen Waggon können

4 Tons geladen werden. Von dem ungepreßten englischen aber nur
2¹/₂ Tons. Das letztere erfordert daher einen verhältnismäßig höheren
Tarifsatz.

Ähnlich liegen die Dinge beim Hopfen. Die Ballen fremden
Hopfens sind eckig und daher leichter zu transportieren und besser
zu verladen. Der englische Hopfen aber wird in runden Ballen versandt und ist deswegen schwieriger zu behandeln. Während man von
englischem Hopfen nur 2¹/₂ Tons in einem Waggon unterbringen
kann, lassen sich von ausländischem Hopfen 3 Tons in demselben
Waggon verladen.

Die im Vorhergehenden angeführten Gründe bilden aber auch
die Haupt- wenn nicht die einzige Verteidigung, die die Eisenbahngesellschaften mit Erfolg für eine differenzielle Behandlung einhei-
mischer und fremder Agrarprodukte beibringen können. Die höhere
Fracht entspricht hiernach der geringeren Raumausnützung und der
gröferen Arbeitsleistung, die die heimische Ware beansprucht. Für
diese Unterschiede sind die Railways Companies das einzige und
entscheidende Tribunal.

In letzter Zeit haben verschiedene Eisenbahngesellschaften Anstrengungen gemacht, zu niedrigeren Tarifen für heimische Produkte
überzugehen und den Farmern gröfere Erleichterungen zu gewähren.
Hauptsächlich sollen dieselben den kleineren Produzenten zu gute
kommen, die geringere Quantitäten ihrer Erzeugnisse nach dem Markte
schaffen wollen. So befördert die Great Eastern Company seit dem
Dezember 1895 auf Personenzügen kleine Mengen landwirtschaftlicher
Produkte nach London zu einer reduzierten Fracht von 4 d für 20 lbs.
und 1 d für jede weiteren 5 lbs. bis zu 60 lbs. Auch für Futter
und Düngemittel hat die Gesellschaft für Entfernungen über 40 und
50 englische Meilen Frachtermäfsigungen eintreten lassen. Als Beispiel
sei noch die Great Western Railway angeführt, die seit dem 1. August
1896 ebenfalls ermäfsigte Skalen eingeführt hat, namentlich für frisches
Fleisch, totes Getlügel, Eier, Butter, Obst und Gemüse, für den Fall,
dafs Partieen von 10 Cwts. 1, 2 oder 3 Tons einzeln oder zusammen befördert werden. Auch für den Transport anderer Güter
sind Reduktionen eingetreten, hauptsächlich für Apfel- und Birnen-
weine, Getreide, Futter und Düngemittel, Kartoffeln etc. Für die
Milchbeförderung ist eine gleichförmige reduzierte Skala angenommen
worden. Durch diese Konzessionen hat die Gesellschaft in ihren Einnahmen zwar schwere Rückgänge erlitten, sie hofft aber, dafs sich die

Marktzufuhren in Zukunft steigern und das Defizit wieder ausgleichen werden.

Schließlich wird auch über das hohe Porto für Pakete geklagt. Die Portis sind 1883 für eine Dauer von 21 Jahren zwischen der Regierung und den Eisenbahngesellschaften festgesetzt worden. Da die letzteren aber für Pakete, die auf ihren gewöhnlichen Zügen befördert werden, Ermäßigungen haben eintreten lassen, so wäre eine Reduktion der Spesen für Postpakete, in denen landwirtschaftliche Produkte enthalten sind, auch sehr erwünscht.

Das wäre in kurzen Zügen ein Bild der Verhältnisse, die bei der Beförderung landwirtschaftlicher Produkte durch die Eisenbahnen in Betracht kommen. Die Kommission hat die ganze Frage der Eisenbahntarife weder systematisch noch kritisch behandelt. Die gegenwärtig bestehende Gesetzgebung ist außerordentlich weitschweifig, teilweise konfus. Sie hat das Parlament von 1888 bis 1894 wiederholt in Anspruch genommen. Die Kommission zweifelt aber, daß die Gesetzgebung den Intensionen desselben einen klaren und wirksamen Ausdruck gegeben hat, hauptsächlich inbezug auf die Preferentialtarife für fremde Produkte und die Frachtskalen, welche seit dem 31. Dezember 1892 gesteigert worden sind. Sie fordert daher vor allem eine größere Klarheit der Traffic Act von 1888 und 1894 und zweitens, daß die Tarife für Postpakete nicht höher sein sollen als für Eisenbahnpakete. Zu eigentlich gesetzgeberischen Vorschlägen gelangt die Kommission nicht. Sie sympathisiert mit den Wünschen der Farmer, welche wohl große Reduktionen in dem Werte ihrer Produkte erlitten haben, aber keine in den Beförderungskosten derselben. Es ist bekannt, daß die Eisenbahnverwaltung hauptsächlich auf den Wert der Frachtartikel sieht oder, um ihre eigene Formel zu gebrauchen, sie erhebt „was der Farmer tragen kann". Wenn aber das der Fall ist, dann ist es erklärlich, daß der britische Farmer, dessen Produkte infolge der Krisis 30 bis 50 % im Preise gefallen sind, die Eisenbahnfrachten viel zu hoch findet, die im großen und ganzen überhaupt nicht gefallen sind und daß die Last größer geworden ist, „als der Farmer tragen kann." Auf diese Weise werden die Wohlthaten des Eisenbahntransportes, die zur Prosperität des Landes so viel beigetragen haben, der Landwirtschaft in großem Maße versagt. Die ganze Frage betrifft sowohl nationale wie Klasseninteressen und muß wirtschaftlich noch viel weiter verfolgt werden, als dies bisher geschehen ist.

Wie oben näher gezeigt, haben sich eine Anzahl Gesellschaften zu einer Reduktion der Frachten entschlossen. Die Kommission glaubt, dafs das nicht nur im Interesse der Farmer, sondern auch der Gesellschaften liege, und dafs weitere Herabsetzungen der Tarife gemacht werden sollten, wenn sich dieselben lohnend erweisen und einen gesteigerten Verkehr zur Folge haben.

Ganz zu gute aber können die von den Gesellschaften gemachten Konzessionen den Farmern nicht kommen, noch können ihre Eisenbahnfrachten denen für fremde Produkte sich nähern, solange die britischen Farmer so unbedeutende und ungenügend verpackte resp. unhandliche Konsignente haben, wie in den erwähnten Beispielen gezeigt wurde. Eine Korrektur dieses letzterwähnten Übelstandes würde nicht schwer sein, wohl aber die des erstgenannten. Die Thatsache, dafs wegen der kleineren Quantitäten, der gröfseren Kosten der Behandlung und der meistens ungenügenden Füllung der Waggons die Frachten für englische Produkte höher sind als für fremde, weist von neuem auf die aufserordentliche Wichtigkeit der genossenschaftlichen Vereinigungen und Organisationen hin. Nur durch sie können gröfsere Massen auf den Markt übergeführt und bessere Bedingungen von den Eisenbahngesellschaften erlangt werden. Die Organisation ist nicht leicht. Die Eisenbahngesellschaften müfsten unterstützend eingreifen. Das aber liegt aufserhalb des Rahmens der Gesetzgebung.

11. Das Differenzgeschäft in Getreide.

Man hat vielfach behauptet, dafs das Differenzgeschäft in Getreide, wie es in New York, Liverpool und anderen Handelszentren besteht, die landwirtschaftliche Depression durch Herabsenkung der Preise auf ein niedrigeres Niveau begünstigt habe. Zur Prüfung dieser Ansicht hat die Königliche Untersuchungskommission eine Anzahl Sachverständiger vernommen, deren Aussagen wir im folgenden kurz wiedergeben.

Mr. W. Smith,[1]) ein Makler an der Produktenbörse in Liverpool, beschreibt diese Art des Börsengeschäfts oder option system, wie sie im Englischen genannt wird, als einen Verkauf der Ernte, ehe sie gewachsen ist. Der Verkäufer besitzt das Produkt noch garnicht, das er auf einen späteren Termin liefern soll, er hat auch garnicht

---

[1]) Näheres über das Differenzgeschäft in W. Smith' Agricultural and Trade Depression, Reply to the Final Report of the British Royal Commission on Agriculture on the question of international gambling in fictitious agricultural produce and fictitious silver under the option, future and settlement systems. London 1897.

die Absicht es zu liefern. Dieser Verkauf ohne Lieferung der Ware entfesselt schliefslich eine wilde Spekulation. Die Ernte multipliziert sich auf dem Papier und wird 40- oder 50 mal gröfser als in Wirklichkeit. Mit diesem Papiergetreide werden grofse Geschäfte abgeschlossen, bei denen nur die Variationen der Preise, die im Clearinghouse festgesezt werden, zur Auszahlung gelangen. (Das Differenzgeschäft wurde 1883 in seiner amerikanischen Form auf der Liverpooler Kornbörse eingeführt.) Obgleich nach den Bestimmungen der Produktenbörse die Lieferung vorgesehen werden mufs, und der Verkäufer auch Lieferung fordern kann, wenn es ihm gefällt, so wird doch davon kaum Gebrauch gemacht. Die ganze Operation läuft auf nichts anderes als auf eine Bezahlung der Preisdifferenzen hinaus, die entweder täglich oder wöchentlich unter dem Clearinghouse System festgesetzt werden.

Diesen Ausführungen schliefst sich Mr. Bear an; er ist der Ansicht, dafs die in Frage stehende Transaktion einer Wette auf den zukünftigten Preis des Weizens genau gleich zu erachten sei, jedoch glaubt er, dafs der Fall der Getreidepreise nur teilweise, auf diese Ursache zurückgeführt werden könne.

Auch Mr. Seth Tayler, einer der gröfsten Weizenverkäufer Englands, erklärt, dafs die allgemeine Tendenz des option system in der Produktion eines Preisfalls bestehe. In wieweit aber diese letztere Wirkung allein auf das Differenzgeschäft zurückzuführen sei, läfst sich nach seiner Ansicht nicht genau bestimmen.

Andrerseits aber fehlt es auch nicht an Stimmen, welche behaupten, dafs das Blanko-Termingeschäft in Getreide gar keinen Einflufs auf die Preise ausgeübt habe. Dieser Ansicht ist Mr. Harris, Mitglied einer der gröfsten Firmen für den Handel mit fremdem Weizen.

Es wird des Weiteren besonders hervorgehoben, dafs auch die amerikanischen Farmer sich ganz allgemein gegen das Differenzspiel ausgesprochen und alle ihre grofsen Organisationen die Anti-option Bill unterstüzt haben. Es ist ferner festgestellt worden, dafs die grofse Majorität der Getreidehändler auf dem Mark Lane (Produktenbörse Londons) gegen das System war.

Bis jetzt hat man nur in einem einzigen Lande der Welt den Versuch gewagt, das Differenzgeschäft in Getreide zu verhindern. In Deutschland wurde im Mai 1896 ein diesbezüglicher Entwurf eingebracht und mit dem Inkrafttreten des neuen Börsengesetzes am 1. Januar 1897 das Differenzgeschäft aufgehoben. In anderen Ländern ist man bis jetzt über das Stadium der Vorschläge nicht hinausgekommen.

Die Königliche Untersuchungskommission teilt diese auf Bindung des Getreidetermingeschäfts hinauslaufenden Ansichten nicht, obgleich sie weit über England hinaus, namentlich in den Vereinigten Staaten und Deutschland, Anklang gefunden haben. Sie sieht von einer Weiterverfolgung des Gegenstandes ab; denn die Aussagen machen nicht den Eindruck, dafs das Differenzgeschäft wirklich die betonte Wirkung auf die Preise habe oder besonders zur Verschärfung der landwirtschaftlichen Krisis beitrage. Trotzdem gesteht sie zu, dafs auch hier wie bei allen Formen des Spiels, wenn sie übertrieben werden, grofse Mifsstände entstehen können; aber wieweit das Spiel in seinen verschiedenen Formen eine Ursache sozialer Übel und ein eigentlicher Gegenstand repressiver Gesetzgebung sein könne, sei an dieser Stelle nicht weiter zu untersuchen, denn hier handele es sich nur um die Beziehungen zur landwirtschaftlichen Krisis und zwischen dieser und dem spekulativen Geschäft in „Zukunftsweizen" sei ein wirklicher Konnex nicht aufzufinden. Eine nähere Begründung dieser Auffassung wird von der Kommission leider nicht erbracht.

12. Verkauf verfälschter Produkte und importierter Waren als heimische.

Über den Verkauf verfälschter Produkte und den Absatz fremder Waren als englische sind von parlamentarischen oder Departements-komitees bereits eingehende Untersuchungen gemacht worden.

Im folgenden soll zunächst den Wünschen der Landwirte inbezug auf die Mafsregeln gegen den Verkauf verfälschter landwirtschaftlicher Produkte Ausdruck gegeben werden. Die Landwirte in Lancashire behaupten, dafs das englische Margarinegesetz den Verkauf der Margarine als Butter nicht wesentlich beeinträchtigt habe. Sie verlangen, dafs die Margarine in ihrer natürlichen Farbe verkauft werde und dafs eine strenge Trennung von Butter und Margarine stattfinde. Gegenwärtig ist dies nicht der Fall. Das geht z. B. auch aus Zeitungs-annoncen hervor, in denen besondere Mischmaschinen empfohlen werden, die den Zweck haben, eine möglichst gute Vermischung von Butter und Margarine zu erzielen.

Die Strafen, die auf Verfälschungen gesetzt werden, sind im allgemeinen sehr niedrig. Eine Person wurde zu wiederholten Malen wegen Verfälschung von Milch nur mit 40 sh Geldbufse belegt. Das wirkt nicht abschreckend. Der Betrag sollte, wie man namentlich in Norfolk glaubt, wenigstens im Wiederholungsfalle höher sein.

Professor Long verlangt, dafs reine Milch mindestens 12,25 % Trockensubstanz und 3.25 % Fett enthalte. Er glaubt zwar selbst, dafs man diese Fixierung eines Minimalgehalts an wertvollen Bestandteilen verwerfen werde. Nichtsdestoweniger bestehe sie in New York und Boston in noch höherem Mafse. Das System, die Milch nach der Qualität, vornehmlich nach dem Fettgehalt, zu bezahlen, wie es in Dänemark üblich ist, ist unzweifelhaft ein ausgezeichnetes Mittel, um Verfälschungen vorzubeugen.

Auch der Käse ist Verfälschungen mit tierischen Fetten und Baumwollsamenöl ausgesetzt. Der sich hier auf gründende Betrug ist aber in England lange nicht so häufig als in Amerika.

Auch das Bier wird häufig mit anderen Stoffen versetzt, während doch nur reines Malz und Hopfen zum Brauen benutzt werden sollte. Wo noch andere Ingredienzien Verwendung finden, sollte dies besonders bezeichnet werden. Auch müfste Bier, welches aus Zucker hergestellt wird, als solches gekennzeichnet werden.

Das beste Mittel, das den Landwirten zur Erkennung von Zusätzen oder Beimischungen zur Verfügung steht, ist die chemische Analyse. Dieselbe müfste noch viel häufiger, als bis jetzt geschehen ist, zur Prüfung von Molkereiprodukten, Futterstoffen und künstlichen Düngemitteln angewandt werden. Das ist um so wichtiger, zumal Verfälschungen von Nahrungs- und Futtermitteln die Ursache von Krankheiten bilden können. Eine analytische Prüfung ist auf jeden Fall eine Vorsichtsmafsregel.

Nach dem Muster der Samenkontollstation in Zürich würde auch in England im Anschlufs an die Adulteration of Seeds Act eine ähnliche Einrichtung am Platze sein; denn dieses Gesetz hat bis jetzt wenig genützt, es hat die Mischung toter mit lebenden Samen nicht verhindert. Man beklagt seine geringe Anwendung.

Die Untersuchungskommission erklärt sich daher mit den Darstellungen und Vorschlägen des Food Products Adulteration Committee, so weit sie sich auf landwirtschaftliche Produkte beziehen, einverstanden und betont besonders den Erlafs einer gesetzlichen Bestimmung, die die Färbung der Margarine als Butter verbietet.

Werfen wir nun noch einen Blick auf die Wünsche, die eine Abstellung der Schäden verlangen, die aus dem Verkauf importierter Waren unter englischer Flagge resultieren. Von vielen Seiten aus hat man zu gesetzlichen Mafsregeln geraten, die verhindern sollen, dafs beim Verkaufe fremde und heimische Waren identifiziert werden.

Die Landwirte sind ebenso wie die Konsumenten an einer glücklichen Behandlung dieser Frage sehr interessiert.

Bei weitem die meisten Klagen beziehen sich auf den Verkauf ausländischen Fleisches, das unter einer englischen Marke ausgeboten wird. Man will, daſs fremdes Fleisch etikettiert oder bezeichnet werde. Wer es nicht thut, solle strengen Strafen anheim fallen. Allerdings würde diese Maſsregel ihre zwei Seiten haben. Fänden die Konsumenten nämlich das fremde Fleisch ebenso gut oder gar besser als das englische, dann würde der Preis des letzteren zurückgehen. In Wigan z. B., wo in den Verkaufsläden die fremden Fleischsorten besonders bezeichnet werden, findet ein gröſserer Verkauf statt, als in jenen, wo nur das Fleisch des heimischen Marktes verkauft wird. Aus diesem Grunde halten es einige Sachverständige für besser, daſs, wer fremdes Fleisch verkaufen wolle, erst die Genehmigung der Behörde nachsuchen müsse. Auch in Schottland ist die Mehrzahl der Interessenten dafür, daſs fremdes Fleisch erst nach Einholung einer besonderen Konzession verkauft werden dürfe und daſs Inspektoren über die Befolgung dieser Vorschriften wachen sollen, dann würde auch der Betrug abnehmen. Nur wenige glaubten, daſs die hierdurch verursachten Kosten höher sein würden als der daraus entspringende Nutzen.

Die Kommission empfiehlt daher, daſs jede Person, die mit importiertem Fleisch handle, als solche in ein Register eingeschrieben werde und die Verpflichtung habe, über ihrem Laden ein Schild anzubringen, auf dem diese Thatsache vermerkt stehe. Ferner soll die Inspektion der Fleischerläden, wo im Detail verkauft wird, auf dieselbe Weise geschehen, wie unter der Food and Drugs Act, nämlich durch dazu qualifizierte Inspektoren.

Ebenso wäre auch eine Unterscheidung der Verkaufsläden, in denen englische Produkte wie Butter, Käse und Früchte, feilgeboten werden, von den Läden zu wünschen, die die entsprechenden fremden Produkte verkaufen. Namentlich die Winterbutter segelt zum Nachteil des britischen Produzenten und Konsumenten vielfach unter falscher Flagge. Lombardy-Butter wird als „English Farmhouse" oder „Finest Devonshire" gebuttert und verkauft. Diese Praxis hat zur Herabdrückung der Preise der englischen Butter beigetragen.

Man sieht aus diesen Meinungen, die der Ausdruck gewisser Strömungen unter den englischen Farmern darstellen, daſs man der nun einmal notwendigen, aber für den heimischen Produzenten unliebsamen fremden Konkurrenz durch kleine Mittel, wie z. B. die

Kenntlichmachung fremden Fleisches, entgegen zu arbeiten sucht, um das heimische Produkt mehr in den Vordergrund zu stellen. Ob das gelingen wird, läfst sich sehr bezweifeln.

13. Viehverkauf nach Lebendgewicht.

Durch die Markets and Fairs Act von 1887 und 1891 wurde bestimmt, dafs auf allen Märkten, wo eine Fleischsteuer erhoben wird, die Einrichtung von Viehwaagen obligatorisch sein sollte. Hiervon aber haben die englischen Landwirte, die Vieh verkauften, wenig Gebrauch gemacht. In Norwich z. B. wurden 20000 Stück Vieh ausgestellt und der Berichterstatter über diese Ausstellung Mr. Read glaubt, dafs nicht über 50 von ihnen gewogen wurden. Auf die Frage, warum sie die Viehwaagen wenig und garnicht benutzten, gaben die Farmer in der Regel zwei Gründe an. Erstens, sie lieben es nicht, wenn ihr Urteil, das sie sich gebildet haben, durch die Waage korrigiert wird, und zweitens, das Abwiegen macht ihnen zu viel Mühe. Daraus entspringen manche Nachteile. In der Regel schätzt der Fleischer das Vieh ab, und da dieser beständig auf dem Markte ist, so ist sein Urteil allerdings meistens zutreffender als das des Farmers. Für diesen ist es, um noch eins anzuführen, ohne die Kontrolle der Waage sehr schwierig, zu bestimmen, wie lange durch vermehrte Fütterung der zum Verkauf gestellten Tiere noch eine nennenswerte Gewichtsvermehrung eintritt.

Die Untersuchungskommission empfiehlt daher den Farmern dringend, doch ihr Vieh vor dem Verkauf zu wiegen, denn der Verkauf nach Lebendgewicht ist ohne Zweifel am vorteilhaftesten für den Verkäufer. Einige Gewährsmänner gehen sogar so weit, zu fordern, dafs derselbe durch ein Parlamentsgesetz oder eine Verfügung des Landwirtschaftsamts obligatorisch gemacht werden solle. Allein solche Bestimmungen würden wohl grofsen Widerstand an der Abneigung der Farmer und Viehhändler finden, die lieber an der alten Praxis festhalten.

14. Board of Agriculture.

Um das Landwirtschaftsamt (Board of Agriculture) mit den Ansichten und Wünschen der praktischen Landwirte in nähere Beziehungen zu bringen und bessere Informationen über die Lage und Zustände der Landwirtschaft in den verschiedenen Teilen des Landes

zu erlangen, wird die Einsetzung von Lokalkorrespondenten empfohlen, die sich über ganz Grofsbritannien verteilen sollen. Die
Erfahrung anderer Länder unterstützt diesen Plan. In Frankreich
erweisen sich die von der Regierung eingesetzten Departements-
Professoren der Landwirtschaft sehr nützlich. In Belgien ist ein
Stab landwirtschaftlicher Sachverständiger in mehreren Provinzen des
Königreichs stationiert. In Dänemark sind 17 solcher Sachverständiger
in verschiedenen Distrikten thätig. In Preufsen wird der Land-
wirtschaftsminister über lokale Fortschritte auf dem Gebiete der
Landwirtschaft von den Direktoren landwirtschaftlicher Versuchsstationen und anderer vom Staate unterstützter Institute unterrichtet.
Ähnliche Dienste leisten in Österreich-Ungarn und Italien die Be-
amten der staatlichen Landwirtschaftsschulen und Versuchsstationen.
In den Vereinigten Staaten werden die sonst von Lokalkorrespondenten ausgeübten Funktionen von mehreren staatlichen Agenten ver-
richtet, die in Verbindung mit dem Landwirtschaftsdepartement und in
besonderen Fällen auch mit den Direktoren der landwirtschaftlichen
Versuchsstationen stehen.

Die Kommission empfiehlt daher, angeregt durch die günstigen
Erfolge des Auslandes, dafs das Landwirtschaftsamt mit einer Anzahl
in der praktischen Landwirtschaft thätiger Korrespondenten in Verbindung trete, die gegen Honorar periodische Berichte einzusenden
und besonderen Verhältnissen, über die Auskunft gewünscht wird,
näher nachzugehen hätten.

Ferner wäre es von Wichtigkeit, wenn technisch und wissenschaftlich gebildete kompetente Vertreter der Landwirtschaft, wenn auch
erst versuchsweise und für beschränkte Zeit ins Ausland, namentlich
nach den Vereinigten Staaten, Rufsland und Argentinien geschickt
würden, um von Zeit zu Zeit über Ernteaussichten, neue Kultur-
methoden, Resultate wissenschaftlicher Untersuchungen, Entwicklung
des Handels mit Getreide, Vieh und Molkereiprodukten nach England zu berichten. Die Vereinigten Staaten und Dänemark unter-
halten zur Zeit im Auslande Spezialagenten, die alles, was für die
Produzenten von Wichtigkeit ist, nach Hause mitteilen. Etwas Ähnliches wurde von Frankreich im Jahre 1893 geschaffen. Seit 1894
beschäftigt die deutsche Regierung offizielle landwirtschaftliche Vertreter in gewissen wichtigen Hauptstädten. Auch Norwegen und
Italien besitzen solche Repräsentanten der Landwirtschaft im Auslande.

Endlich wird das Fehlen einer zuverlässigen und befriedigenden
Statistik über die Marktpreise landwirtschaftlicher Produkte, haupt-

sächlich Fleisch, lebend Vieh, Butter und Käse in Grofsbritannien sehr vermifst. Die Untersuchungskommission verlangt daher, dafs dem Landwirtschaftsamt mehr Mittel zur Verfügung gestellt werden, damit es mit Hilfe von Korrespondenten für die wichtigeren Marktplätze bessere Informationen über die Preisbewegung agrarischer Produkte erzielen kann.

15. Landwirtschaftliches Bildungswesen.

Die Ausgaben für landwirtschaftliches Bildungswesen beliefen sich im Jahre 1894 95 in Grofsbritannien annähernd auf 78 000 £ im ganzen. Andere Staaten, wie Frankreich und Deutschland, haben allerdings höhere Ausgaben. Hier ist aber auch der Prozentsatz der landwirtschaftlichen Bevölkerung ein bedeutend gröfserer. In Grofsbritannien sind nur 10.4 %, in Frankreich aber 44.8, in Deutschland 39,3 % der erwerbsthätigen Bevölkerung in der Landwirtschaft beschäftigt.

Die beste und vollständigste Entwicklung des landwirtschaftlichen Schul- und Bildungswesens, das in vielen Punkten als musterhaft gelten kann, hat Frankreich aufzuweisen. Das ganze System, dessen Einrichtung oder Kontrolle in den Händen des Staates liegt, ist dort einheitlich geregelt; der Lehrplan wird methodisch verteilt: man beginnt mit dem Leichteren und schreitet allmählich zum Schwierigeren fort. Die höhere Ausbildung von Professoren, Lehrern und Forschern liegt dem Agronomie-Institute ob. Dann folgen die nationalen Ackerbauschulen für Söhne von Rittergutsbesitzern und Farmern, ferner die praktischen Ackerbauschulen für Bauernsöhne und endlich die Lehrschulen für praktische Unterweisung von Söhnen landwirtschaftlicher Arbeiter. Aufserdem werden Vorlesungen in Oberprimarschulen abgehalten, und Schullehrer, für welche ein zweijähriger Kursus vorgesehen ist, von über 200 Professoren von Fach unterrichtet. Abgesehen von diesen Unterrichtsanstalten, die mehr das allgemeine landwirtschaftliche Wissen vermitteln sollen, giebt es noch solche für spezielle Zwecke, z. B. Molkerei- Geflügelzucht-, Garten-, Weinbau- und Forstschulen.

England hat bei weitem kein so gut entwickeltes Schulwesen wie Frankreich. Zwar hat das Parlament den Lokalbehörden in England, Schottland und Wales gröfsere Summen überwiesen. Die Versuche der County Councils, das landwirtschaftliche Bildungswesen zu fördern, sind aber nicht weit über das bisherige Stadium hinausgekommen.

Man versuchte mit dem Gelde ein zu grofses Feld zu bearbeiten und
Unterweisung zu geben mit einem unzureichenden Material von Lehrern.
Über die Resultate, die man zustande gebracht hat, gehen die
Meinungen auseinander. Am meisten Übereinstimmung herrscht im
allgemeinen darüber, dafs der Unterricht über besondere Zweige der
Landwirtschaft, hauptsächlich über Molkereiwesen mit Demonstrationen
mehr Erfolg gehabt hat, als wenn das Gesamtgebiet der Landwirt-
schaft Gegenstand der Unterweisung und Belehrung war. Über die
Resultate des Gesetzes von 1890, soweit sie das landwirtschaftliche
Bildungswesen betreffen, läfst sich noch wenig sagen. In einigen
Grafschaften aber hat ohne Zweifel die Einrichtung von Technical
Education Committees viel Arbeit und Mühe gekostet. Gewünscht
wird, dafs das Landwirtschaftsamt mit mehr Kräften ausgerüstet
werde, die die Kontrolle und Inspektion des ganzen landwirtschaftlich technischen Bildungswesens übernähmen.

Der Schwerpunkt aller Bestrebungen auf diesem Gebiete in Eng,
land liegt darin, geeignete Mittel und Wege zu finden, um den Landwirt mit einer gröfseren Fachbildung auszustatten. Die Schwierigkeiten, die dieses Problem bietet, sind grofs. Die Mehrzahl der
Farmer in Grofsbritannien befindet sich zur Zeit in einer Lage, die
ihnen nicht erlaubt, soviel Geld auszugeben, als zu einer gröfsere Ausbildung in der Wissenschaft ihres Fachs erforderlich sein würde.
Ihre Söhne müssen, sobald sie das 16. Jahr überschritten haben, in
der grofsen Mehrzahl der Fälle in der Wirtschaft helfen. Sie müssen
dazu beitragen, das Einkommen der Eltern zu mehren und nicht es
zu mindern. Man darf nicht verkennen, dafs die Summe von Erfahrung, die sie sich in der Praxis erwerben, sie vielfach befähigt,
Hervorragendes zu leisten. Wenn auch in anderen Ländern, sagt der
Bericht, die Landwirte eine theoretische Bildung auf Kosten der
Steuerzahler erhalten, so haben doch die Farmer Grofsbritanniens
wenig Ursache, einen Vergleich mit ihren ausländischen Kollegen zu
fürchten. Sowohl was Berufskenntnisse, als auch was Erfolge anbelangt. Namentlich hebt man die Anerkennung und Errungenschaften
hervor, die die englische Pächterschaft zu verzeichnen hat. Es ist
aber kein Zweifel, dafs die moderne Zeit noch höhere Ansprüche
stellt, aber leider stehen viele Farmer von „Position und Intelligenz"
in England dem landwirtschaftlichen Bildungswesen nicht freundlich
gegenüber. Sie bezweifeln den Wert der durch Schule, Vorlesungen
und Bücher erworbenen Kenntnisse. Es ist natürlich unter diesen
Verhältnissen sehr schwierig, das landwirtschaftliche Bildungswesen

vorwärts zu bringen, wenn nicht die Farmerschaft einheitlich daran glaubt und es praktisch unterstützt.

Um diesen Schwierigkeiten zu begegnen, schlägt die Untersuchungskommission zweierlei vor: Erstens eine wirksamere Präparation junger Landwirte während der Schulzeit in landwirtschaftlich technischer Beziehung und zweitens eine sorgfältigere Auswahl ihrer technischen Instruktoren sowie eine Beschränkung des Stoffes auf diejenigen Gegenstände, welche mit Vorteil in kurzen Kursen oder Vorlesungen erledigt werden können.

Von diesen beiden Maßnahmen ist die erstere bei weitem am wichtigsten. Das Maß der Bildung, das in den Mittelschulen erreicht wird, ist zugestandenermaßen gering. Infolge des verminderten Einkommens schicken immer mehr kleine Farmer ihre Kinder nach den öffentlichen Elementarschulen, wo sie ziemlich gut unterrichtet werden, aber nur bis zum Alter von 12 oder 13 Jahren. Die Söhne besser gestellter Farmer gehen nach den Grammar- oder lokalen Privatschulen. Aber in vielen Fällen erreichen sie auch dort nicht die erforderliche Bildung. Die Folge ist, daß der angehende Landwirt die Schule verläßt, ohne die geistigen Fähigkeiten ausgebildet zu haben, die er zum Verständnisse der elementaren Grundsätze der Landwirtschaftswissenschaft und zum Begreifen der darin vorkommenden Ausdrücke nötig hat. Hier liegt der tote Punkt, der ihn hindert, sich die in Büchern, Journalen und Gutachten angesammelten Erfahrungen anderer Leute zu Nutze machen; er kann sich nicht den neuen und wachsenden Schwierigkeiten seines Gewerbes anpassen; er hat das Gebäude von Erfahrung, das andere längst aufgebaut haben, von neuem für sich selbst zu errichten, und das Alles verknüpft mit Fehlern, Mühen und Verlusten. Wer z. B. die chemischen Ausdrücke nicht kennt, ist ganz unfähig, den Wert nützlicher Experimente der Agrikulturchemie zu begreifen. Professor Wright erzählt von einem praktischen Versuch, der von dem Chemiker der Royal Agricultural Society ausgeführt wurde und den kaum 1 % aller Farmer, mit denen er zusammenkam, zu würdigen verstanden — und das war in Schottland, wo das Bildungsniveau ein relativ hohes ist.

Neben einer guten, allgemeinen Schulbildung müßte sich der junge Landwirt vor allem die wissenschaftlichen Elemente seines Gewerbes, Chemie, Geologie, Botanik und Physiologie der Tiere, zu eigen machen. In den Vordergrund wäre die Einschärfung praktischer Gesichtspunkte für die Bewirtschaftung eines Gutes zu stellen. Wenn auch die Erfahrungen immer der beste Führer in der Auswahl der geeignetsten Gegenstände für die Belehrung sein wird, so lassen sich doch von vornherein einige Fächer als allgemein notwendig bezeichnen, nämlich:

1. Demonstrationen über die besten landwirtschaftlichen Methoden und den Gebrauch der besten Maschinen und ihre Anwendung, hauptsächlich in der Molkerei.
2. Die Schlüsse aus den besten und neuesten Errungenschaften inbezug auf die Auswahl und den Gebrauch von Futterstoffen, Düngemitteln und Sämereien in nichttechnischen Ausdrücken.
3. Die Kosten der verschiedenen Verrichtungen auf der Farm und die ökonomische Organisation der Arbeit.
4. Wirtschaftsrechnung und Buchführung.
5. Landwirtschaftliche Hygiene.
6. Behandlung von Infektionskrankheiten.
7. Roßarzneikunde.
8. Geflügelzucht.
9. Obstbau.
10. Verpackung und Präparation landwirtschaftlicher Erzeugnisse für den Markt.
11. Obstweinbereitung und andere Zweige von lokaler Wichtigkeit.

Ein erfolgreicher Schritt, auch in die Schichten der kleinen Landwirte größeres Wissen zu tragen, ist in vielen Grafschaften die Anstellung wissenschaftlich gebildeter Wanderlehrer (Instructors) gewesen. Diese sind mit dem Gartenbau, wie er von den Häuslern und Parzellenbesitzern (cottagers and allotment holders), Gemüsegärtnern und Obstzüchtern betrieben wird, genau vertraut. Sie reisen in ihren Grafschaften umher, halten Vorträge, besuchen die Gärtner, machen sie auf ihre Fehler aufmerksam und erteilen ihnen Ratschläge. Solche Leute, die auf solche Weise ihre Halb Acre Parzelle zu bewirtschaften gelernt haben, können dann auch mit Erfolg ein kleines Gut übernehmen. Es liegt sehr im Interesse des Landbaues, solche Leute, die fleißig und intelligent sind, zu unterstützen. Denn sie bilden ein wertvolles Material für die Farmerschaft.

Die Ausbildung für die reicheren grundbesitzenden Klassen geschieht in Instituten, wie sie in Cirencester und Downton vorhanden sind. Außerdem beanspruchen Universitäten und andere Bildungsanstalten der Provinz (colleges), wie sie in Newcastle, Bangor, Leeds und Reading mit Zuschüssen von seiten der Regierung und der County Councils bestehen, Beachtung. Wer sich wissenschaftlich vollständig ausbilden will. wird keinen Mangel an solchen Instituten antreffen. Das Hauptkontingent der Besucher stellen die Söhne grofser Farmer und junge Leute, die sich für den Lehrberuf ausbilden wollen. Aufserdem werden zum Zwecke der höheren Ausbildung noch kurze Kurse und Vorlesungen veranstaltet. Besondere Gegenstände, wie z. B. Butterfabrikation, werden entweder in besonderen Vorlesungen oder in Wanderkursen behandelt. Ferner finden Demonstrationen auf freiem Felde statt und Übungen für Elementarlehrer. Von diesen Instituten (collegiate centres) empfingen 10 im Jahre 1895 96 Zuschüsse von der Regierung von 150 bis 800 £. Wenn noch 2 oder 3 solcher Institute mehr geschaffen würden, so würde das auf alle Fälle für England und Wales genügen; auch in Schottland, wo solche Anstalten in Aberdeen, in Edinburgh und Glasgow existieren, befriedigt die vorhandene Zahl das Bedürfnis.

Ganz dem Zwecke der Landwirtschaft dienstbar sind die von den County Councils eingerichteten Institute, deren wichtigstes das Wye College ist. Der volle Kursus. dessen Besuch zu einem Diplom qualifiziert, besteht aus 11 Terminen von je 12 Wochen. Demonstrationen und praktische Arbeiten finden auf einer Versuchswirtschaft statt, die 120 Acres Gras- und 130 Acres Ackerland besitzt. Daran schliefst sich eine Molkerei, in der die Studenten praktisch arbeiten können.

Ob das Universitäts- oder Akademiesystem vorzuziehen sei. läfst sich zur Zeit in England noch nicht entscheiden; in Deutschland hat fast durchweg das erstere das letztere verdrängt.

Fassen wir die Schlüsse der Kommission zusammen, so ergeben sich vier Forderungen:

Die Resultate der speziellen Ausbildung junger Farmer in der Landwirtschaft sind so wenig befriedigend, weil die Art und Weise derselben bisher unangemessen und unvollständig war. Das gilt namentlich von der Bildung der Mittelklasse. Hier mufs entschieden eine Hebung mit Hilfe der Gesetzgebung geschaffen werden.

Zur Ausgleichung bestehender Mängel liefsen sich sehr gut die von dem Parlament bestimmten Fonds verwenden. Die Resultate, welche die Verwaltung des lokalen Bildungswesens erzielt, sollten auf alle Teile Grofsbritanniens ausgedehnt werden. Die Informationen, die das Ministerium durch seine erfahrenen Berater erhält inbezug auf die Art, die Kosten und Erfolge der Schritte, die in den verschiedenen Distrikten unternommen werden, um die Technik des Landbaues zu

fördern, sollten zusammengefaſst und in einem besonderen Bericht alljährlich veröffentlicht werden.

Die Überschüsse der durch die Local Taxation Act gewährten
Gelder sollen ausschließlich auf das Bildungswesen und zu einem an-
gemessenen Teil auf das der Landwirtschaft verwendet werden.

Wenn die höhere landwirtschaftliche Bildung auch anderen als
den verhältnismäſsig Wohlhabenden zugänglich sein soll, so muſs das
in Collegiate Centres geschehen unter finanzieller Subvention von seiten
der Regierung; dabei ist es gleichgültig, ob man den Typus der
Newcastle und Bangor Colleges oder den von Wye College wählt.
Wenn der Versuch gut ausschlägt und weitere Hilfe nötig erscheint,
so wird hoffentlich die gesetzgebende Körperschaft sich nicht auf den
kleinen jährlichen Zuschuſs von 8000 £ beschränken.

*   *   *

Diese in den vorhergehenden Abschnitten dargelegten Empfehlungen erheben nicht den Anspruch darauf, als vollständige Heilmittel
für die landwirtschaftliche Krisis zu gelten; sie sind vielmehr ihrer
Natur nach nur Palliative, die, wenn sie Anwendung finden, den Landwirten ihre Lage erleichtern und den
Betrieb unter günstigere wirtschaftliche Bedingungen
stellen sollen.

Das Hauptgewicht wird auf die Selbsthilfe gelegt
und hier ist es namentlich das Genossenschaftswesen,
von dem sich die Kommission noch viel Erfolg für die
Zukunft verspricht. In zweiter Linie wird betont, daſs
durch bessere Bewirtschaftung und Hebung der Technik
noch Manches erreicht werden kann, namentlich wenn
eine gute landwirtschaftliche Ausbildung die Grundlage hierfür liefert. Drittens wird in einer Reihe von
Fällen der Ausbau der Agrarverfassung als notwendig
bezeichnet.

Wenn sich auch auf diese drei Hauptgesichtspunkte die Vorschläge der Kommission nicht allein beschränkten, so läſst sich doch
nicht leugnen, daſs auch bei strikter Durchführung derselben eine
Beseitigung der gegenwärtigen Krisis nicht erfolgen wird. Das liegt
in der Natur der Sache. Groſse internationale Depressionen lassen
sich nicht durch nationale Heilmittel kurrieren. Ein von zehn
Kommissionsmitgliedern unterzeichneter Supplement-Report tritt daher

für eine internationale Transaktion ein, indem er als Panacee für die
Not der Landwirtschaft eine Änderung des gegenwärtigen Währungssystems, nämlich die Einführung des Bimetallismus empfiehlt. Im
folgenden wollen wir uns auf die Hauptgedanken desselben unter
besonderer Berücksichtigung eines Memorandums von Mr. Everett
beschränken.

16. Der Bimetallismus.

Es ist bereits früher eingehend dargelegt worden, dafs der Fall
der Preise in erster Linie verantwortlich für die Krisis ist. Es fragt
sich, ob, eventuell inwieweit diese primäre Ursache der Depression
gemildert oder beseitigt werden kann.

Die Majorität der vernommenen Zeugen vindiziert den für alle
landwirtschaftlichen Produkte eingetretenen Preisfall der mit geringen Kosten arbeitenden ausländischen Produktion, der Erschliefsung neuer Länder, den verbesserten Transportmitteln und als
Folge dieser Erscheinungen der wachsenden ausländischen Konkurrenz.

Die Kommission bemerkt hierzu, dafs in den letzten 20 Jahren infolge der Kultivierung ausgedehnter Flächen in den Staaten jenseits
des Oceans allerdings enorme Quantitäten Nahrungsmittel auf den
Weltmarkt geworfen wurden; in derselben Zeit aber ist die Bevölkerung der Welt ebenfalls enorm gewachsen und es fragt sich nur, ob
verglichen mit der Vermehrung der Bevölkerung die Nahrungsmittel
der Welt heute wesentlich gröfser sind, als sie es waren, ehe der
Fall der Preise einsetzte.

Zur Beleuchtung des Verhältnisses, das zwischen Produktions-
und Bevölkerungsvermehrung besteht, hat der englische Statistiker
Sir Robert Giffen in dem Appendix V zum Final Report ein interessantes Material veröffentlicht, das allerdings nicht den Anspruch
auf völlige Korrektheit erhebt, dessen Resultate aber doch ein annäherndes Bild von dem Verhältnis geben, in dem die Bevölkerung
und die zu ihrer Versorgung dienenden Hauptlebensmittel gewachsen
sind. Die folgende Zusammenstellung zeigt summarisch, in welcher
Intensität innerhalb der letzten 20 Jahre auf der einen Seite die Bevölkerung Europas und derjenigen Länder, die von europäischer
Rasse bewohnt sind, auf der anderen die mit Getreide und Kartoffeln bestellte Fläche, sowie der Bestand an Rindvieh, Schafen und
Schweinen zugenommen hat.[1]

---

[1] Bevölkerungszahl und Viehstand Indicus sind nicht mit eingerechnet, wohl

		Vor 20 Jahren	Gegen- wärtig	Zunahme : Insgesamt	%
Bevölkerung in Millionen		366	462	96	26
Weizen Areal in Millionen Acres		133	158	25	19
Gerste „ „ „ „		43	45	2	5
Hafer „ „ „ „		81	104	23	28
Roggen „ „ „ „		105	100	— 5	— 5
Kartoffeln „ „ „ „		21	27	6	29
Rindvieh in Millionen		154	211	57	37
Schafe „ „		405	478	73	18
Schweine „ „		80	101	21	26

Wie aus diesen Zahlen hervorgeht, ist das Wachstum der mit Weizen bebauten Fläche sehr weit hinter der Bevölkerungsvermehrung zurückgeblieben. Der Roggenanbau hat abgenommen — ein Beweis dafür, dafs der Roggenkonsum allmählich zurückgeht, dafs das Roggenbrot dem Weizenbrot Platz macht. Nur die Haferproduktion hat sich pari passu vermehrt. Von dem Gesamtzuwachs der Weizenfläche, der 25 Millionen Acres beträgt, entfallen nicht weniger als 13 Millionen auf Nordamerika. 2½ Millionen auf Südamerika und ebensoviel auf Australien; in Europa macht die Vermehrung der Weizenfläche nur 6 Millionen Acres aus. Es ist übrigens interessant zu beobachten, dafs die Weizenkultur gewisser Länder, namentlich Rufslands, stationär bleibt: denn seit 1893 hat sich die Anbaufläche nur wenig geändert. hingegen ist die Produktion und Konsumtion an Kartoffeln im Wachsen begriffen. Die Gesamtzunahme der mit Kartoffeln bestellten Fläche von 6 Millionen Acres entfällt hauptsächlich auf Rufsland, zum andern Teil aber auch auf Frankreich, Deutschland und Österreich. Was die Viehproduktion anbelangt, so ist vor allen Dingen die intensive Zunahme der Zahlen für Rindvieh hervorzuheben. Dagegen reduzieren sich die Schafbestände in den europäischen Ländern. während sich in den Ländern der neuen Welt, wie Australien und Argentinien eine Zunahme zeigt. Die Zahl der Schweine hat nicht ausschliefslich in den neuen Ländern. sondern auch in Europa eine beträchtliche Zunahme erfahren.

Wenn der aus diesen Vergleichungen gezogene Schlufs, dafs eine Überproduktion nicht existiert. wahr ist, dann müssen noch andere Faktoren für das Fallen der Preis dieser Agrarprodukte verantwortlich. sein.

aber die mit Getreide bebaute Fläche. Die indische Bevölkerung konsumiert nicht die hier aufgezählten Getreidearten. Die Anbauflächen von Kartoffeln in Asien und Südamerika sind wegen mangelnder Information aufser Betracht gelassen.

[1]) Siehe Vol. I Apendix C. der Minutes of Evidence.

Er fragt sich, ob der F r e i h a n d e l, dem England bis heute treu
geblieben ist, die Schuld daran trägt. Diese Frage läfst sich am
besten dadurch beantworten, dafs man die Lage der englischen Landwirtschaft mit der in Zoll geschützten Ländern vergleicht.
Nach den Berichten des Handelsamts, welche dasselbe über
die Höhe der auf den Import landwirtschaftlicher Produkte gelegten
Zölle in verschiedenen Ländern Europas und den Vereinigtsn Staaten
macht, betragen die Zollabgaben für:

	Weizen	Gerste	Hafer	Mehl	Rindvieh	Butter	Käse
	per qr.	per. qr.	per qr.	per qr.	per Cwt.	per Cwt.	per Cwt.
Frankreich	12 sh 3 d	4 sh 5 d	3 sh	5 d 11 sh	2 d 4 sh 1 d	2 sh 5 d	6 sh 1 d
				bis 16 „	3 „ pro Stück		
Deutschland	7 „ 7 „	3 „ 8 „	3 „ 11 „	9 „ 3 „	25 „ 6 „	8 „ 2 „	7 „ 7 „ b. 10 sh 2 d
Rufsland	frei	frei	frei	4 „ 11 „	frei	4 „ 11 „	53 „ 2 „
Dänemark	frei	frei	frei	frei	frei	frei	11 „ 9 „
Niederlande	frei	frei	frei	frei	frei	frei	4 „ 3 „
Vereinigte							
Staaten	8 sh 6 d	10 sh 5 d	5 sh 2 d	25 %	20 %	18 sh 8 d	18 sh 8 d
				ad valorem.	ad valorem.		

Man sieht, dafs ganz frei von Einfuhrzöllen auf Nahrungsmittel
eigentlich keines der erwähnten Länder ist. Am höchsten aber sind
die Zölle ohne Zweifel in Frankreich und Deutschland. Es fragt
sich, obs ie diese beiden Länder auch vor der Krisis geschützt haben.
Für Frankreich liegt ein Bericht von Sir Joseph Crowe vor.
Nach demselben stellte sich der Preis des Weizens:

1867	34 Fr.	34 c. per engl. Centner (112 ℔.)
1877	28 „	87 „ „ „ „ „
1890	23 „	79 „ „ „ „ „
1891	28 „	00 „ „ „ „ „
1892	20 „	00 „ „ „ „ „
1894	19 „	50 „ „ „ „ „

Obgleich der Preis des Weizens in Frankreich von 1890—1894
auf einem bedeutend höheren Niveau stand als in England, so hat der
Schutzzoll doch den Rückgang des Preises nicht aufhalten können.
Der Preisniedergang beträgt 43 %, während doch in der bezeichneten
Periode der Schutzzoll auf Weizen von 10 sh auf 12 sh 3 d per qr. stieg.
In einer Debatte in der Kammer der Deputierten vom 2. Februar
1894 wurde von den Hauptrednern der Schutzzoll als eine Last mit
bis jetzt wenig wertvollen Resultaten bezeichnet. Trotz aller Anstrengungen von Seiten der Regierung bestehen die Klagen über den

großen Preisfall weiter und den Produzenten bleibt keine Rente übrig. Trotzdem die Preise aber so gewaltig gesunken sind, hat sich das Areal für die Weizenkultur in Frankreich nicht vermindert. Dasselbe betrug:

1862—1881	17 000 000 Acres
1882—1888	17 290 000 ..
1893	17 468 000

Es ist eigentlich merkwürdig, daß eine solche Vermehrung der mit Weizen kultivierten Fläche in Frankreich eingetreten ist. Der Bericht erklärt diese Erscheinung folgendermaßen: Die französischen Landwirte bauen Weizen, weil sie es müssen, weil sie bis jetzt nicht imstande gewesen sind, eine andere Frucht an seine Stelle zu setzen, obgleich viele Vorschläge und Versuche gemacht worden sind. Trotzdem ist der Verlust, den sie am Weizenbau haben, ein ganz bedeutender und der Vorteil, den sie vor dem britischen Farmer in Form des Schutzzolls von 12 sh 3 d per quarter genießen, wird aufgewogen durch die viel kleinere Einnahme (return) per Acre.

Über die Lage der Landwirtschaft in Deutschland, das nach Frankreich die höchsten Getreidezölle hat, berichtet der zweite Sekretair der englischen Gesandtschaft in Berlin, Mr. Whitehead, unter anderen folgendes: Die übereinstimmende Meinung aller parlamentarischen Vertreter der Interessen des Landes sowohl im preußischen Landtag als auch im Reichstag, die Bildung einer besonderen agrarischen Partei und die Anstrengungen derselben, der Landwirtschaft zu helfen, sind Beweis genug für das Vorhandensein einer Notlage und die abnormen niedrigen Preise des Weizens und Roggens, welche zugestandenermaßen unter den Produktionskosten liegen, sind an sich bereits eine genügende Ursache. Die letzteren betragen nach den Stettiner Notierungen (die am vollständigsten sind) für:

	Roggen		Weizen	
	Gute gesunde Qualität zu wenigstens 57 lbs. per Bushel		Gute gesunde Qualität zu wenigstens 60 lbs. per Bushel	
	Per Quarter	Per 1000 Kilo	Per Quarter	Per 1000 Kilo
1879	1 £ 7 sh 9 d	129 ℳ. 43 ₰	2 £ 3 sh 0 d	194 ℳ 33 ₰
1880	1 „ 19 „ 2 ..	182 „ 96 „	2 „ 7 „ 8 „	215 „ 70 „
1881	2 „ 1 „ 0 „	191 „ 52 „	2 „ 9 „ 3 „	222 „ 67 „
1882	1 „ 11 „ 9 „	148 „ 43 „	2 „ 5 „ 5 „	205 „ 21 „
1883	1 „ 10 „ 3 „	141 „ 24 „	2 „ 1 „ 10 „	189 „ 20 „
1884	1 „ 9 „ 9 ..	138 „ 92 „	1 „ 17 „ 6 „	169 „ 21 „

8*

	Roggen Gute gesunde Qualität zu wenigstens 57 lbs. per Bushel		Weizen Gute gesunde Qualität zu wenigstens 60 lbs. per Bushel	
	Per Quarter	Per 1000 Kilo	Per Quarter	Per 1000 Kilo
1885	1 „ 9 „ 7 „	138 „ 00 „	1 „ 15 „ 6 „	160 „ 51 „
1886	1 „ 7 „ 1 „	126 „ 51 „	1 „ 14 „ 5 „	155 „ 63 „
1887	1 „ 5 „ 4 „	118 „ 36 „	1 „ 17 „ 2 „	167 „ 74 „
1888	1 „ 8 „ 3 „	131 „ 86 „	1 „ 19 „ 3 „	177 „ 39 „
1889	1 „ 12 „ 8 „	153 „ 09 „	2 „ 0 „ 8 „	183 „ 63 „
1890	1 „ 15 „ 8 „	166 „ 69 „	2 „ 2 „ 5 „	191 „ 70 „
1891	2 „ 5 „ 2 „	211 „ 05 „	2 „ 8 „ 10 „	220 „ 83 „
1892	1 „ 16 „ 1 „	168 „ 69 „	2 „ 0 „ 2 „	181 „ 56 „
1893	1 „ 8 „ 1 „	131 „ 22 „	1 „ 13 „ 2 „	149 „ 83 „
1894	1 „ 5 „ 0 „	116 „ 83 „	1 „ 9 „ 7 „	133 „ 60 „

Aus diesen Zahlen ergiebt sich, dafs der Schutzzoll auch in Deutschland nicht imstande gewesen ist, die Krisis hintanzuhalten. Es wäre also ungerechtfertigt, zu sagen, dafs der Freihandel Englands Schuld an der landwirtschaftlichen Notlage sei; denn diese ist auch in ähnlicher Weise in den zollgeschützten Ländern des Kontinents eingetreten und wie in Europa, so ist es auch jenseits des Meeres. In Australien z. B. ist nach den Aussagen Mr. Thomsons, eines Grofs-Rindvieh- und Schafzüchters, der über 30 Jahre in Queensland gelebt hat. und nach den Berichten des Kolonialamts die Lage der Landwirtschaft wenig erfreulich. In Victoria, New Seeland, Tasmania, New Süd Wales und Südaustralien ebensowohl wie in Queensland herrschen grofse Klagen über die Krisis. Die einzige Ausnahme bildet Westaustralien, wo der Ackerbau infolge des Goldbergbaues noch einige Fortschritte macht.

Ähnlich liegen die Verhältnisse in anderen Ländern der Erde; aus allen ertönen Klagen. Nur zwei Ausnahmen existieren: Indien und Argentinien; in diesen beiden Ländern besteht nicht nur nicht eine Notlage der Landwirtschaft, sondern sie befindet sich in einer äufserst günstigen Lage. Die Regierung Indiens schreibt:[1] Die Landwirtschaft in Indien hat sich, wenn man von der gegenwärtigen Hungersnot absieht, in den letzten 10 Jahren blühend entwickelt. Die Kulturfläche und die Viehbestände sind gröfser geworden, die Renten und Revenuen aus dem Lande sind gestiegen, der Export agrarischer Produkte hat zugenommen.

Als Grund für diese glänzende Lage der Landwirtschaft wird

---

[1] Appendix VIII Final Report p. 164.

angegeben, dafs die Preise für landwirtschaftliche Erzeugnisse
nicht gefallen seien. Auch die grofse Ausbreitung der Eisenbahnen
wird für die Prosperität der letzten 10—15 Jahre teilweise mit verantwortlich gemacht werden können. Den Hauptgrund aber für die
feste Haltung der Preise erblickt man in der Silberwährung[1]) Indiens.
Als statistischen Beleg für die günstige Preiskonjunktur geben wir im
folgenden aus der im Appendix VIII angeführten den „Prices and
Wages in India," XIII Issue entnommene Tabelle die Bewegung der
Weizenpreise in Calkutta and London wieder. (Die Preise von 1873
gleich 100 gesetzt.) Die erste Kolumne giebt den Rupiepreis, die
zweite den Goldpreis an.

W e i z e n:

Durchschnitt des Jahres	Calkutta Klub Nr. 2 Durchschnitt der Maximal-Preise:	Britischer amtlich ermittelter Durchschnittspreis
1870	93	80
1871	67	97
1872	80	97
1873	100	100
1874	100	95
1875	78	77
1876	74	79
1877	95	97
1878	106	79
1879	107	75
1880	91	76
1881	86	77
1882	85	77
1883	79	71
1884	70	61
1885	69	56
1886	73	53
1887	79	55
1888	81	54
1889	83	51
1890	81	54
1891	92	63
1892	95	52
1893	86	45
1894	75	39
1895	83	39

[1]) Der Kommissionsbericht rechnet lediglich mit den Verhältnissen vor 1895.

Ähnlich wie für Indien lauten die Aussagen für Argentinien:
Es ist frei von einer agrarischen Krisis im Sinne Englands und des
Kontinents. Argentinien besitzt, wie früher gezeigt, eine ungeheure
Fassungsfähigkeit für den Getreidebau; das zu diesem Zwecke
brauchbare Land erscheint unerschöpflich und unbegrenzt. Die
Farmer leiden lange nicht in demselben Grade unter dem Fall der
Preise als in anderen Ländern; sie bauen Weizen mit Profit und ver-
kaufen ihn in London zu 20 sh per Quarter und das können sie in-
folge der hohen Goldprämie. Je höher dieselbe ist, desto niedriger
kann der Preis sein, welchen sie nehmen. In dem sinkenden Kurse
ihres Papiergeldes geniefsen sie gegenüber den mit Gold zahlenden
Ländern einen Vorteil, der sie in den Stand setzt, ihre Rivalen in allen
Teilen der Welt zu unterbieten.

Wenn, wie vorher angedeutet, in Indien der agrarische Himmel infolge häufiger Hungersnot nicht völlig ungetrübt ist, so ist er auch in
Argentinien nicht selten von Schatten verdunkelt: Grofse Verwüstungen,
die durch Heuschrecken, Hagel, Stürme oder Dürre angerichtet werden, suchen den argentinischen Farmer oft schwer heim. So wurde
z. B. die vielversprechende Ernte der Jahre 1894/95 zerstört. Trotzdem hat er sich nicht entmutigen lassen. Man sieht das daraus, dafs
die Weizenfläche seit der grofsen Ernte von 1893 um 30—40 °/₀ gewachsen ist.

Im Vorhergehenden ist konstatiert, dafs alle Länder der Welt,
mit Ausnahme von Indien und Argentinien, unter dem Drucke der
Depression leiden. Da die Klagen so universell, so einstimmig und
so anhaltend sowohl aus den Ländern des Schutzzolls, als auch aus
den Ländern des Freihandels kommen, so mufs, abgesehen von der
ausländischen Konkurrenz, ihnen allen eine generelle Ursache gemeinsam sein und diese wird von vielen Zeugen in den grofsen Veränderungen der Währung seit 1873/74 gefunden. Vor dieser
Zeit hatte die englische Landwirtschaft trotz des Freihandels, trotz
der konstant steigenden Importe für viele Jahre eine Periode un-
verhältnismäfsiger Prosperität erlebt. Es ist sicherlich kein zufälliges
Zusammentreffen, dafs von dem Momente an, wo diese Änderungen
in Wirkung traten, die englische Landwirtschaft ohne eine andere
spezielle Verschiebung in ihren Verhältnissen zu erfahren, von einer
strengen und erhaltenden Krisis betroffen wurde.

Vor dem Jahre 1873 standen die Münzen der Vereinigten Staaten
Frankreichs, der Schweiz, Italiens, Belgiens und Griechenlands einer

unbegrenzten Prägung von Silber sowohl als auch von Gold offen,
d. h. wenn jemand Gold oder Silber zur Münze brachte, so war
diese nach der Prüfung des betreffenden Metalls gesetzlich verpflichtet,
es für den Überbringer in landesübliches Währungsgeld zu dem fest-
gesetzten Betrage oder Preise per Unze auszuschlagen. Gold wurde,
wenn man sich so ausdrücken darf, gemünzt zum Betrage oder Preise
von 3 £. 17 sh 9 d per Unze; Silber zum Betrage von 5 sh per
Unze. Das Verhältnis zwischen den beiden Metallen stellte sich demnach wie 15 1⁄2 : 1. Diese beiden Edelmetalle übernahmen gemeinsam
die Funktion der Wertbemessung.

Das änderte sich mit den Jahren 1873/74, als in den Vereinigten
Staaten und europäischen Ländern Gesetze erlassen wurden, die dem
Silber feindlich waren. Die grofse Revolution auf dem Geldmarkt
begann mit dem Übergang Deutschlands von der Silber- zur Gold-
währung. In der Folgezeit wurde die Silberprägung auch in anderen
Ländern eingeschränkt. Dadurch wurde das Silber des Rechts der
freien Prägung beraubt mit anderen Worten: das bimetallistische
System wurde zu Grabe getragen. Diese grofse Umwälzung hat zwei
Resultate von primärer Bedeutung für die Landwirtschaft gezeitigt:

1. Eine Werterhöhung oder Verteuerung des Goldes.
2. Eine weite Divergenz in dem alten relativen
   Werte der beiden Metalle.

An Stelle von Gold und Silber, die früher zusammen die Funktionen der Wertmessung ausübten, ist Gold allein getreten. Das bedeutet eine Verringerung des Währungsmetalls, eine Verkürzung des
Wertmessers und der Preise, die damit gemessen werden, d. h. die
letzteren sinken auf ein niedriges Niveau oder mit anderen Worten
die Kaufkraft des Goldes steigt, es wird teurer, und der Preis der damit gekauften Waren niedriger.

Das zweite Ergebnis folgt naturgemäfs aus dem ersten: Hat der
Wert des Goldes zugenommen, während der des Silbers konstant geblieben ist, weil in Ländern mit Silberwährung, wie Indien, vor
Schliefsung der Münzen in Wirklichkeit keine Änderungen in den
Preisen der Waren, d. h. der Kaufkraft des Silbers eingetreten ist,
so ist die notwendige Folge, eine Divergenz zwischen dem alten relativen Wert der beiden Metalle. Dieselbe hat sich seit jener Zeit
fortwährend erweitert, sodafs sich das Wertverhältnis zwischen Gold
und Silber heute etwa wie 30 : 1 stellt.[1]

---

[1] 1897 etwa wie 34 : 1.

Diese immer gröfsere Entfernung des Goldes vom Silberwerte erklärt die Thatsache, dafs der Produzent in Silberwährungsländern heute noch imstande ist, Weizen nach England mit Profit zu schicken, wenn der Quarter 20 sh oder weniger kostet. Die Art und Weise in welcher dies geschieht, läfst sich am besten an einem Beispiele illustrieren. Angenommen, ein Sovereign würde sich für 20 Rupien austauschen lassen, während er früher 10 Rupien wert war, denn die Rupie ist gefallen von 2 auf 1 sh, so folgt daraus, dafs wenn auch der Goldpreis des Weizens sehr stark gefallen ist, womöglich von 40 sh pro Quarter auf 20 sh, doch der indische Farmer, der zu jenem Preise verkauft, noch 20 Rupien für seinen Weizen bekommt. Wenn der Silberpreis in Indien derselbe bleibt, so wird der Farmer sich doch für seine 20 Rupien ebenso viel kaufen können, wie früher und er ist so imstande für seinen Weizen einen Goldpreis zu nehmen, welcher für den englischen Farmer ein Unglück, für ihn selbst aber keine Änderungen in seiner Lage bedeutet. Ebenso wird der Weizenexport aus Argentinien gefördert, nur mit dem Unterschiede, dafs hier keine Silber-, sondern Papierwährung besteht.

Durch diese „currency cause" wird, wie die Zeugen versichern, der Marktpreis des Weizens künstlich gedrückt in allen Ländern, die, wie England, die Golwährung haben.

Die Kommission resumiert folgendermafsen: Die Notlage der Landwirtschaft hat zwei Quellen, die entspringen einmal aus der allgemeinen Senkung des Preisniveaus, einer Erscheinung, die sich ausdrückt in der Bezeichnung „Verteuerung des Goldes" und andererseits aus der gröfseren Spannung in dem Werte der beiden Metalle, welche einen künstlichen Vorteil den Produzenten in den Ländern mit Silber- oder Papierwährung gewährt.

*   *   *

Der grofse und anhaltende Preisfall ist, wie schon früher angedeutet, keineswegs auf die landwirtschaftlichen Produkte allein beschränkt: es ist vielmehr ein Teil jener allgemeinen rückgängigen Preisbewegungen, die alle Waren ergriffen hat. Die im Economist mitgeteilten Indexziffern,[1]) welche die Engrospreise für 22 allgemein gebrauchte Waren registrieren, sind für einen Durchschnitt von 10 Jahren endend mit 1873: 3,036 und für den 1. Januar 1897: 1,950. Sauerbecks Indexziffern,[2]) die auf 45 Waren basieren, zeigen — die Preise von 1867—1877 gleich 100 gesetzt — folgenden Verlauf:

1867—1877	100	1881	. . . 85	1889	. 72
1874	. . . 102	1882	. . . 84	1890	. . 72
1875	. . 96	1883	. . . 82	1891	. . . 72
1876	. . . 95	1884	. . 76	1892	. . 68
1877	. . . 94	1885	. . . 72	1893	. . . 68
1878	. 87	1886	. . . 69	1894	. . 63
1879	. . . 83	1887	. 68	1895	. . 62
1880	. . . 88	1888	. . 70	1896	. . . 61

Beide Indexziffern zeigen einen enormen Fall. Man wird die Geschichte der vergangenen Jahrhunderte vergeblich nach einer Parallele durchsuchen. Denn eine solche Änderung des Geldwerts, wie sie sich in obigen Zahlen wiederspiegelt, findet seit dem 16. Jahrhundert wohl kaum etwas Ähnliches. Damals allerdings verlief sie in entgegengestzter Richtung und war begleitet von einem grofsen industriellen Aufschwung. Die Ursache lag in einer grofsen Steigerung der Produktion, zu der sich der grofse Strom von Edelmetallmassen gesellte, die aus dem neu entdeckten Amerika übergeführt wurden.

Während der damalige Aufschwung an einen Überflufs von Gold und Silber anknüpft, steht, wie es scheint die gegenwärtige Depression im innigen Zusammenhang mit der Durchführung der gesetzlichen Beschränkungen, die nur ein Metall, nämlich Gold für Münzzwecke bevorzugen. Nie vorher hat man den Versuch gemacht, die Bewertungsverrichtung, welche bisher zwei Metalle gemeinsam ausübten, auf ein einziges Edelmetall zu übertragen. Die alte Politik der Freiheit und Gleichheit in Bezug auf die Behandlung von Gold und Silber wurde verlassen; an ihre Stelle trat eine neue Politik der Protektion des Goldes. Diese ist weittragender in ihren Wirkungen, schleichender und grausamer in ihrem Einflufs auf bestimmte Klassen

---

[1]) Sie sind auch heute noch die zuverlässigsten Zahlen für die Beurteilung der Preisbildung. Der Economist hat 22 der wichtigsten Warengruppen des Weltverkehrs ausgewählt, dabei die Durchschnittspreise der Periode von 1845—50 für 100 angenommen und die Preisschwankungen der folgenden Jahre in prozentuellem Verhältnis ausgedrückt (oder wie oben geschehen 1845/50 = 2200).

[2]) Man darf nicht übersehen, dafs die Periode, die von Sauerbeck zum Ausgangspunkt genommen ist, die grofse Hausse im Anfang der 70er Jahre in sich schliefst, die bekanntlich eine starke Preiserhöhung zur Folge hatte.

und schädlicher für Landwirtschaft und Industrie gewesen, als irgend eine andere Gesetzgebung der modernen Zeit. Sie hat die grofse Notlage. soweit wir sehen, geschaffen, welche die Landwirtschaft heute in allen Goldwährungsländern niederdrückt. Die Ware, die geschützt wird. ist das Gold. Gold ist aber eine Ware, ohne die niemand existieren kann, die jeder nötig hat. Als nun die neue Politik ihre Kreise immer weiter ausdehnte, da wurde der Landwirt in der alten und in der neuen Welt, in Grofsbritannien, in Irland auf dem Kontinent von Europa, in den englischen Kolonieen und in den Vereinigten Staaten von Amerika gezwungen, mehr und immer mehr seines Produktes zu geben, um das Gold zu kaufen, mit dem er seine Bedürfnisgegenstände zu bezahlen hatte. Heute hat der Farmer beinahe 2 Bushel Korn für dasselbe Geld zu geben, welches früher nötig war, um einen zu kaufen. Seine Lage ist ähnlich der in jener alten Parabel. die modernisiert, etwa folgendes besagt:

„Wieviel schuldest Du Deinem Herrn?"

„Hundert Bushel Weizen. (wenn ich meine Schuld bezahle)" antwortet der Farmer von heute.

„Gut, nimm Deine Rechnung und schreibe zweihundert," sagt der Hypothekengläubiger, der Steuereinnehmer, der Eigentümer auf lange Zeit verpachteten Landes oder der Geldverleiher von heute.

Bestätigt wird diese Thatsache durch eine Reihe von Erscheinungen:

1. Fixe Lasten aller Art, wie Hypotheken, langjährige Pachten, Annuitäten. Raten, Steuern, Löhne etc. zu zahlen fällt den landwirtschaftlichen und anderen Produzenten heute viel schwerer, d. h. es ist schwieriger geworden. dieselbe Quantität Gold zu erheben, als früher.

2. Man geht heute im Gegensatz zu früher überhaupt nicht, oder nur ungern langjährige Pachtverträge (leases) ein, weil dieselben die alljährliche Zahlung einer festen Menge Gold erfordern.

3. Sind verschuldete Länder, wie Australien und Indien, in grofsen Schwierigkeiten gewesen.

4. Auf dem Kontinent hat sich eine starke antisemitische Bewegung ausgebildet, welche eine Reaktion der in jüdischen Händen befindlichen Schuldner gegen die wachsende Last ihrer Schulden ist.

5. Wegen des allgemeinen und andauernden Falles in dem Werte der Produkte und des Eigentums findet man es heute sicherer,

Geld zurückzulegen, als es produktiv arbeiten zu lassen. Infolgedessen wird es aus der Cirkulation zurückgezogen und so sammelt es sich in den Banken an.

6. Investoren (Geldanlegende), welche fürchten, ihr Geld in der Warenproduktion aufs Spiel zu setzen, bewerben sich um sichere Papiere. (gilt — edged securities), welche so auf unvorhergesehene Preise und Zinsreduktionen getrieben werden.

Während in allen diesen Fällen, infolge der nach 1873 eingetretenen gesetzgeberischen Änderungen, welche den freien Wettbewerb zwischen Gold und Silber aufhoben und um das Gold einen Schutzring schlugen, eine Summe von Nachteilen die Oberhand gewann, hatten dieselben doch, wenn man von den Arbeitern absieht, hauptsächlich für eine Klasse der Bevölkerung unverkennbare Vorteile, nämlich für die haute finance. die grofsen Geldleute und Kapitalisten. Sie alle hatten ein Interesse daran, den Wert des Geldes durch Beschränkung seiner Menge zu steigern. So ist es auch begreiflich, dafs die ganze Währungsfrage so kompliziert und schwierig sie auch ist, viel besser von den Finanziers studiert und verstanden wird, als von den produktiven Klassen. Die letzteren haben ein Interesse an der Verbilligung. die ersteren an der Verteuerung des Geldes. In diesem Interessenkampf sind, wie die Einführung der Goldwährung beweist, die Ritter des mobilen Kapitals Sieger geblieben.

Es handelt sich nunmehr um den Nachweis, dafs die Vermehrung und Verbilligung des Geldes mit einer Preiserhöhung, seine Verteuerung dagegen mit einer Senkung des Preisniveaus der Waren in kausalem Zusammenhang steht.

Drei grofse Thatsachen lassen sich aus der Geschichte der Preise herausdestillieren und historisch beweisen:

1. Auch in früheren Zeiten haben grofse Änderungen des Preisniveaus stattgefunden.

2. Wo dieselben über eine längere Periode andauerten, da haben sie stets im Zusammenhang gestanden mit Veränderungen in der Menge des Währungsmetalls.

3. Auch der gegenwärtige Preissturz ist die Folge und Begleiterscheinung einer Verminderung des gesetzlichen Zahlungsmittels.

Die Geschichte der Preise bietet zur Beleuchtung dieser Zusammenhänge überaus interessante Perioden.

Die erste derselben beginnt im 16. Jahrhundert. Bald nach der Thronbesteigung der Königin Elisabeth im Jahre 1558 setzte ein

Steigen der Preise ein, welches progressiv fortschreitend ein volles
Jahrhundert anhielt. Diese Bewegung trieb den Preis des Weizens,
der beim Beginn der Regierung 8 oder 9 sh per Quarter betrug,
auf 40—45 sh in die Höhe; ein fetter Ochse von 30 sh stieg um das
vier- oder fünffache dieses Betrages und ebenso wurden die übrigen
Waren verhältnismäfsig teurer.

Alle Historiker und Nationalökonomen, welche sich mit dieser
phänomenalen Preissteigerung beschäftigt haben, schreiben dieselbe
der enormen Vermehrung an Edelmetallen in Europa zu, die wesentlich zwei Ursachen hatte: Die Ausbeutung des neu entdeckten Kontinents von Amerika und die Entdeckung und Inbetriebsetzung der
berühmten Silberminen von Potosi, welche 1545 eröffnet wurden.
Jakob sagt in seinem bekannten Werke über die Edelmetalle: „Der
jährliche Vorrat an Edelmetallen würde 20 mal gröfser als er am Beginn des Jahrhunderts war. Am Ende desselben war der Bestand
um das fünffache gestiegen und alle Preise hatten sich vervierfacht!"

Trotzdem in einer Periode von 261 Jahren, vom Beginn der Regierung der Königin Elisabeth (1558) bis zur Geburt der Königin
Victoria (1819) die Preisbewegung eine permanent steigende war, so
ging dieselbe doch am Anfang dieses Jahrhunderts in ein besonders
lebhaftes Tempo über. Die Preise stiegen auf das doppelte.

Diese zweite grofse Preissteigerung hängt zusammen mit einer
reichlichen Ausgabe uneinlösbaren Papiergeldes. Im Jahre 1797 beim
Ausbruch des Krieges mit Frankreich wurde die Bank von England er-
mächtigt, ihre Baarzahlungen einzustellen und kleine Noten von 1 oder
2 £, die gesetzlich zum allgemeinen Zahlungsmittel, d. h. zur
Währung gemacht wurden, zu emittieren. Das Gold verschwand
beinahe ganz aus der Cirkulation. Bis 1819 waren diese Noten das
hauptsächlichste Zahlungsmittel des Landes. Auch hier führte also
die Vermehrung des allgemeinen Zahlungsmittels, das für ganz
Grofsbritannien aus inkonvertiblen Noten bestand, zu einer Steigerung
der Preise. Damals, im Jahre 1810 sagte das Bullion Comittee in
seinem Bericht: Ein Wachstum in dem Vorrat an Edelmetallen macht
die Preise für die ganze Welt höher. Es besteht kein Zweifel, dafs
grofse Emissionen uneinlösbarer Papiernoten, die als Währung in
einem Lande gelten, dieselbe Wirkung haben. Nach diesem Bericht
belief sich der Durchschnittsbetrag der englischen Banknoten im Jahre
1798 auf 13 334 000 £, während er 1809 auf 19 000 000 £ gestiegen
war. In demselben Verhältnis erhöhten sich die Landesemissionen;
denn die Country Banks hatten das Recht der unbeschränkten Noten-

ausgabe. Das wäre die zweite grofse Änderung in dem Preisniveau
der Waren, welche ebenso wie die erste, auf die Vermehrung der
Geldcirkulation zurückzuführen ist.

Dem gegenüber stehen nun zwei grofse landwirtschaftliche Krisen.
Die erste derselben dauerte von 1819—1838. Die landwirtschaftliche
Litteratur jener Periode ist voll von Klagen. Der Historiker Alison
schätzt die Zahl der Farmer, die damals bankrott wurden, auf die /
Hälfte. Selbst gute Farmen mufsten um Pächter betteln. Arbeiter
waren zu Tausenden beschäftigungslos. Die Industrie befand sich in
ähnlicher Lage; in Stadt und Land wurden Hungerlöhne gezahlt und
das allgemeine Steigen der Kriminalität gab Zeugnis von dem Ab-
grunde des Elends im Volke.

Unter den gegenwärtigen Verhältnissen, welche beherrscht werden
von der zweiten grofsen Depression, die die englische Landwirtschaft
je gesehen hat, ist es besonders lohnend und interessant, die Geschichte
jener Tage wieder aufzuschlagen, die ein reichliches Material in
Büchern und periodischen Zeitschriften sowie den Berichten der
Untersuchungskommissionen bietet, die 1820/21/22, 1833 und 1836 von
dem Hause des Commons und 1837 auch von dem Hause der Lords
eingesetzt wurden.

Damals wie jetzt bestand unter allen Sachverständigen und Autori-
täten allgemeine Übereinstimmung in Bezug auf die Ursachen der Krisis:
Man hielt sie für eine Folge des grofsen Preisfalles, der damals den
Weizenpreis von 88 sh per Quarter im Durchschnitt der Jahre 1800
bis 1819 [1]) auf 57 sh 2 d während der nächsten 5 Jahre, 1822 auf 44 sh
7 d und 1835 sogar auf 39 sh 4 d zurückwarf.

Es ist heute eine weitverbreitete Anschauung, dafs ein allgemeiner
Fall der Preise ein grofser Segen für die ärmeren Klassen sei. In
den zwanziger und dreifsiger Jahren dieses Jahrhunderts aber war
man allgemein auch auf Seiten der Arbeiter von dem Gegenteil über-
zeugt, wenn auch ohne Zweifel für Beamte, Pensionäre und Renten-
empfänger, die sogenannten „dead weight" Klassen, ein Vorteil aus den
niederen Preisen hervorging.

Es geht ferner heute in England eine Bewegung dahin, die
glaubt, dafs der Schutzzoll die Prosperität der Landwirtschaft ver-
bürge — und doch litt unter den schweren Schutzzöllen der damaligen
Zeit die Landwirtschaft mehr denn je. In den ersten 15 Jahren

---

[1]) Sein Maximum hatte der Weizenpreis im Jahre 1812 mit 126 sh 6 d per
Quarter erreicht.

dieses Jahrhunderts ging der Weizen trotz der bestehenden Korngesetze
frei ein; von diesem Jahre an wurden neue Corn Laws erlassen, die
bestimmten, dafs, wenn der Preis des Weizens unter 80 sh fiele, circa
20 sh per Quarter Zoll für den Import erhoben werden sollten. Wir
haben bereits gesehen, dafs die Periode der Kornzölle nicht von
höheren, sondern von niedrigeren Preisen begleitet war.

Welches waren nun die Gründe für diese grofse Preisrevolution
im Anfang unseres Jahrhunderts? Vom Standpunkte der Gegenwart
aus ist man geneigt zu sagen: Rückkehr zum Frieden nach langem
Kriege. Diese Ansicht entbehrt nicht einer Begründung. England
war während des letzten Jahrhunderts ein Getreide exportierendes
Land; seine Landwirtschaft produzierte damals mehr Getreide als die
heimische Bevölkerung zu verzehren imstande war. Die Regierung
zahlte Exportprämien um die Weizenausfuhr anzuregen. Die Kriege
auf dem europäischen Kontinent drückten nun, wie Arthur Young und
andere nachgewiesen haben, die Preise herunter, weil ein Teil des
englischen Getreides von fremden Märkten ausgeschlossen war. England war daher während der gröfsten Zeit des französischen Krieges,
der 1815 endete, darauf angewiesen, einen Teil des Getreides, das
früher nach dem Auslande abflofs, im Inlande zu verkaufen; das
hieraus entstehende gröfsere Angebot wirkte ohne Zweifel auf die Preise
zurück. Aber dieses Moment stand damals durchaus nicht im Vorder-
grunde der Diskussion.

Ferner hat man reichliche Ernten, Getreidelagerhäuser, Über-
völkerung, übermäfsige Steuerlasten etc. als Gründe für den Niedergang der Preise angeführt.

Aber bereits damals unterstützte der gröfste Teil der wissenschaftlich gebildeten Welt die Ansicht, dafs eine Änderung in den
Münzgesetzen den Fall der Preise herbeigeführt habe, hauptsächlich
infolge einer bedeutenden Verringerung in dem Vorrat des Währungsmetalls, welche verursacht war durch die Einziehung der kleinen
Pfundnoten und die Rückkehr zur Goldbarzahlung. Wir haben bereits gesehen, dafs von 1797 bis 1819 diese Noten zum Hauptzahlungs-
mittel des Landes erhoben wurden. Durch das Gesetz von 1819 aber
trat das frühere Metall wieder an Stelle der Noten und wurde wieder
zum allgemeinen Wertmesser und einzigem gesetzlichen Zahlungsmittel
für Schulden. Die Folge war eine grofse Kontraktion des Geldvorrats und des darauf basierten Kredits. Die weitere Folge war,
dafs man für Gold hinfort eine gröfsere Quantität anderer Ware er-

hielt: Das Geld stieg im Werte und andere Güter, die damit gemessen wurden, fielen.

Diese Auseinandersetzung wird bestätigt durch eine grofse Anzahl von Aussagen, von denen wir einige herausgreifen wollen.

Im Hause der Lords sagte 1837 Mr. John Lewin, ein grofser Farmer und Müller in der Nähe von Wickham Market in Suffolk: „Wir haben immer bessere Preise gehabt, wenn das im Umlauf befindliche Geld sich vermehrte, und wenn es geringer wurde, gingen die Preise zurück ... Ich habe zwanzig Jahre lang die Bankcirkulation beobachtet; die Ausgabe von Country Noten vermehrt und vermindert sich damit (die Notenausgabe war damals frei.) Wenn die Bank von England ihre Ausgaben wachsen läfst, so gehen unsere Preise in die Höhe; wenn sie sie zusammenzieht, dann sinken sie."

Sir James Graham sagte 1828 in einer Rede im Hause der Commons, auf einen Antrag, die Cirkulation der schottischen 1 Pfundnoten zu verbieten, folgendes: „Die Herren von der Opposition haben es fertig gebracht, den Preis des Korns niedriger zu schrauben als er seit der Revolution gewesen ist. Dieses Wunder ist hervorgebracht durch einen sehr einfachen Vorgang, nämlich, dafs man sich in eine Währung [1] einliefs, an der der Landlord sicherlich zuerst leidet. Der Wert des Geldes war stark gewachsen, während alle Verbindlichkeiten auf ihrem Nominalbetrag verharrten. Die Änderung (gemeint ist die Einziehung der kleinen Noten seit 1819) drückte den Betrag nieder, den der Landlord für seine Produkte erhielt, während all die festen Lasten und Schulden auf seinem Gute in die Höhe gingen. Er war gezwungen, in der neuen Währung 30% höher zu zahlen als in jener, in welcher er geborgt hatte und die Folge war: er mufste sich einschränken, die Gastfreundschaft und Freigiebigkeit seiner Ahnen verlassen und leben wie ein Knicker und degradierter Mann, er mufste seine Pächter quälen wie ein Tyrann, oder der Geldmann spazierte herein und ergriff Besitz. Eine Abnahme in der Quantität des Geldes ist der erste Schritt auf dem breiten Wege zum Ruin."

Im Hause der Lords verbreitete sich Graf Stanhope im Jahre 1830 über die Gründe der damaligen ganz universellen Notlage folgendermafsen: „Sie ist", sagte er, „zuzuschreiben der falschen Basis, auf welche unser Geldwesen seit 1819 gestellt ist. Die Preise sind ja in der landwirtschaftlichen Produktion nicht allein gefallen; die Depres-

---

[1]) England ging im Jahre 1816 von der Silber- zur Goldwährung über.

sion ist ununterbrochen und universell gewesen seit dem Erlafs des Gesetzes von 1819 und hauptsächlich seit der Unterdrückung der kleinen Noten, welche im Beginn des letzten Jahres Platz griff.[1]) Solch eine allgemeine und anhaltende Depression kann nur auf eine Ursache geschoben werden, die auf alle Zweige der Industrie drückt, und diese Ursache mufs gefunden werden in der eingetretenen enormen Verringerung der Cirkulationsmittel."

In derselben Debatte sagte Mr. Atwood: „Die Mafsnahme der Regierung im Hinblick auf die Währung hat gewirkt wie eine Konfiskation des Eigentums des Landmanns (landed man) zum Schutze des Geldmanns (monied man.)"

Über die damalige Zeit schrieb Jevons, der bekannte Nationalökonom und Verfasser der „Investigations in Currency and Finance": „Das Geld stieg 140 % im Werte in jenen Jahren; die Preise fielen 60 %."

Diese und andere Aussagen befestigen die Ansicht, dafs die Ursache der grofsen Depression, die nach 1819 Landwirtschaft und Industrie Englands heimsuchte, in der Verringerung der Geldmenge liegt.

Zwischen dieser Zeit und der grofsen Krisis unserer Tage hat die englische Landwirtschaft, nachdem sie sich von den Folgen der zuletzt geschilderten Notlage erholt hatte, vom Ende der 40 er bis Anfang der 70 er Jahre eine glänzende und glückliche Entwicklungsepoche zu verzeichnen. Auch diese hängt mit einer Vermehrung der Zahlungsmittel zusammen.

Im Jahre 1848[2]) begannen bereits die grofsen Entdeckungen des Goldes in Kalifornien und Australien. Die Goldausbeute war eine aufserordentliche. Während die Gesamtproduktion an Gold und Silber in den ersten Jahren unseres Jahrhunderts nur circa 2 Millionen £ jährlich von 1820 bis 40 durchschnittlich nur 7,2 Millionen jährlich ausmachte, stieg sie von 1850 bis 1870 auf 33 380 000 £ jährlich, d. h. um das vier- bis fünffache. Dieses enorme Hinzufliefsen neuen Geldes war wahrscheinlich der Hauptfaktor, der die Kornpreise auf beinahe derselben Höhe erhielt, wie unter dem Schutzzollsystem. Die Preise von lebend Vieh, Fleisch und Waren im allgemeinen stiegen während der 31 Jahre dauernden Freihandelsperiode aufserordentlich.

---

[1]) Sie wurden gänzlich eingezogen 1829.

[2]) Es war dies das letzte Jahr, in dem die Kornzölle erhoben wurden. Sie liefen am 31. Jan. 1849 ab.

In Verbindung mit dieser bemerkenswerten Thatsache ist es interessant, sich an die Worte Richard Cobdens zu erinnern, die er am 13. Dezember 1852 im Hause der Gemeinen sagte: „Es ist das reine Vorurteil, zu sagen, dafs wir Freihändler niedrige Preise für alles wollen. Was wir brauchen, ist Überflufs. Wir behaupten nicht, dafs Freihandel notwendig niedrige Preise bringt. Es ist möglich, bei wachsenden Quantitäten die Preise noch vorwärts zu schieben. Denn es ist möglich, dafs das Land unter dem Freihandel so gedeiht, dafs, während Sie eine gröfsere Menge von allem haben, als Sie vorher hatten, sich gesteigerte Nachfrage infolge gesteigerter Wohlhabenheit erheben könnte, so dafs die Nachfrage gröfser wäre als das Angebot."

Diese Worte haben sich, wie die Folge lehrte, bewahrheitet.

Abgesehen von dem Stimulus, den der Freihandel dem Handel und Verkehr gab, schufen die ungeheuren Vorräte an neuem Geld, die in der ganzen Welt zirkulierten, eine neue und stark gesteigerte Nachfrage. Dafs die vermehrten Cirkulationsmittel und nicht die Einführung des Freihandels an dem grofsen Aufschwung der Landwirtschaft Schuld waren, zeigt sich darin, dafs der letztere auch in zollgeschützten Ländern eintrat.

Die Erfahrungen jener mit dem Aufblühen von Landwirtschaft und Industrie verknüpften Ära der grofsen Goldentdeckungen bestätigt die Lehre des berühmten Historikers und Nationalökonomen David Hume, welcher schrieb: „In jedem Lande, in welches Geld in gröfserer Masse als früher hinein zu fliefsen beginnt, nimmt jedes Ding ein neues Gesicht an. Arbeit und Industrie gewinnen neues Leben, der Kaufmann wird unternehmungslustiger, der Fabrikant emsiger und gewandter und selbst der Landwirt folgt seinem Pfluge mit gröfserer Munterkeit und Aufmerksamkeit."

Die Produktion von Waren aller Art ist in der Periode von 1849—1872 in einer viel stärkeren Rate gewachsen als bisher, und auch die Preise haben sich bedeutend erhöht. Seit jener Zeit aber hat sich die Wachstumsintensität der Produktion vermindert, und die Preise sind anhaltend gefallen.

Anschaulich werden diese Verhältnisse durch die folgenden 3 Diagramme, die Sir Guilford Molesworth entworfen hat. Als Ausgangspunkt dienen ihm die Preise und Produktionsverhältnisse des Jahres 1872.

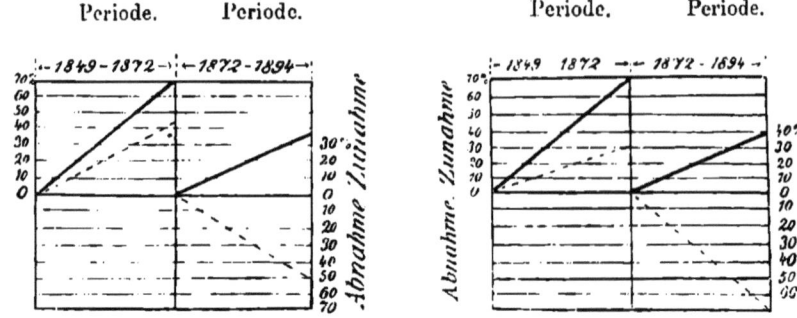

Welthandelsartikel.   Weizen.

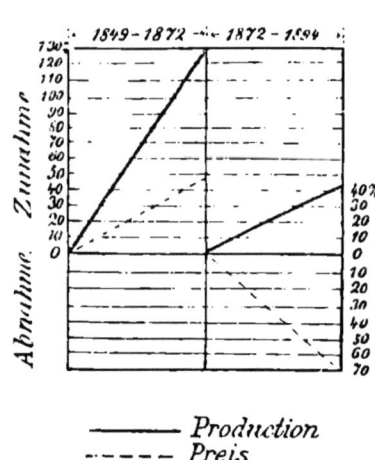

Hammelfleisch.

——— Production

----- Preis

In Übereinstimmung mit der von diesen Diagrammen illustrierten Thatsache sagt Sauerbeck: „Die Warenproduktion zwischen 1850 und 1870 stieg um $2\,^{3}/_{4}\,^{0}/_{0}$ pro Jahr, während die Preise sich um $18\,^{0}/_{0}$ hoben. Zwischen 1870 und 1885 wuchs die erstere nur um $1\,^{1}/_{0}\,^{0}/_{0}$, die Preise aber sanken um $30\,^{0}/_{0}$.

Führen wir schliefslich noch die Meinungen einiger National-ökonomen an, so bestätigt sich auch für diese Epoche, was wir bereits dargethan haben.

Hume sagt: „Das Verhältnis zwischen den Cirkulationsmitteln und den Waren auf dem Markte bestimmt den Preis.

Locke: „Die Verminderung der Quantität des Geldes bewirkt, dafs eine gleiche Quantität davon für einen gröfseren Teil einer anderen Ware ausgetauscht wird."

Ricardo: „Ich nehme es als eine unbestreitbare Thatsache an, dafs Waren im Preise steigen oder fallen im Verhältnis zu der Zu- oder Abnahme des Geldes."

J. S. Mill: „Dafs ein Wachstum der Quantität des Geldes die Preise erhöht und eine Verminderung sie erniedrigt, ist die elementarste Behauptung einer Theorie des Geldwesens und ohne sie würden wir keinen Schlüssel für irgend eine andere (Behauptung) haben."

Alle diese Meinungen bestätigen die wichtige Thatsache, dafs irgend eine langanhaltende Verrückung oder Beschränkung der Preisbasis bei näherer Untersuchung in einer Änderung des Geldmarktes, einer Beförderung oder Beschränkung der Geldcirkulation, ihre Ursache hat.

Wir kommen nun zu der zweiten grofsen landwirtschaftlichen Krisis dieses Jahrhunderts, deren letzte Wurzeln ebenfalls wieder in Änderungen der Geldverhältnisse zu suchen sind.

Es wurde bereits früher ausgeführt, dafs sich nach 1873 eine Münze nach der anderen der Silberprägung verschlofs. Zur Verdeutlichung dieses Vorgangs möge folgendes Gleichnis dienen: Man stelle sich ein paar Waagschalen vor. Von 1873 an zurückgerechnet waren in der einen Waagschale das Gold und Silber, das die Menschheit besafs und in der anderen die Warengüter der Welt aller Art. Die Edelmetalle in der einen Schale wogen und zeigten den Wert der Waren in der anderen an. Der Inhalt der Edelmetallschale ist durch den jährlichen Zuwachs von Gold und Silber aus allen Quellen vermehrt worden. Ebenso aber auch der der Warenschale durch das Wachstum der Waren, das Hand in Hand ging mit ihrer Vervielfältigung, den Erfindungen und der Thätigkeit des menschlichen Geschlechts. Auf diese Weise bildete sich eine allgemeine Preisbasis, welche von dem Verhältnis zwischen dem Inhalt der beiden Schalen abhängig war und aufrecht erhalten wurde. Von 1558 an stieg ein volles Jahrhundert hindurch das Geld am stärksten und die Preise zogen an. Von 1820 bis 1840 wuchsen die Waren am schnellsten und die Preise fielen. Von 1850 bis 1873 vermehrte sich das Geld wieder am kräftigsten und die Preise gingen dementsprechend in die Höhe.

Welches waren nun die Wirkungen der neuen silberfeindlichen Politik die nach 1873 in Deutschland, Schweden und Norwegen, den

9*

Vereinigten Staaten, Frankreich, der lateinischen Münzunion und schliefslich auch Österreich-Ungarn Platz griff?

Eine Wirkung in diesen Ländern lag augenscheinlich darin, dafs, während die Vermehrung der Waren weitere Fortschritte machte, das Wachstum des Geldes beschränkt wurde. So war eine neue Kraft in Bewegung gesetzt, welche beständig daraufhin arbeitete, das Verhältnis des Geldes zur Ware zu vermindern und so den Wert des Geldes zu erhöhen und den Preis der Waren zu erniedrigen. Das ist ein sehr wichtiges und neues Element in der Lage seit 1873, ein Element, nicht natürlich, sondern rein künstlich.

Aber das war nicht die einzige Wirkung, welche der Gebrauch eines statt zweier Metalle zur Folge hatte. Es kam hinzu die Demonetisierung des Silbers. Bisher bildeten Gold und Silber zusammen einen einheitlichen Mafsstab und das Silber war ein untrennbarer Teil desselben. Nach Schliefsung der Münzen für Silber und seiner Scheidung von der bisher ungeteilten Edelmetallmasse war ein grofser Teil der vorhandenen Bestände ausgeschlossen. Es war z. B. das Silber Chinas und Ostasiens, das Silber Indiens und Mexikos etc. abgesondert. Auch das neue Silber, das alljährlich in den grofsen Bergwerken der Welt produziert wurde, sowie das ungemünzte (uncoined) blieb in irgend einer Form zurück. Das ausgeschlossene Silber repräsentierte wahrscheinlich ungefähr die Hälfte des gesamten, in den Händen der Menschen befindlichen Silberfonds. Die Goldwagschale hatte, wie wir gesehen haben, den ganzen Vorrat an Gold und Silber gehalten; jetzt ist bildlich gesprochen, die Hälfte des Silbers aus der Geldschale herausgenommen und in die Warenschale gelegt worden.

Diese grofse Verringerung der Geldmasse, dieses veränderte Verhältnis zwischen den Waren und dem Gelde, welches sie bewertet, giebt uns den Schlüssel für den grofsen Fall der Preise in allen Goldwährungsländern, und die gesteigerte Goldproduktion der letzten Jahre hat noch nicht annähernd genügt, um das wachsende Mifsverhältnis, das so geschaffen wurde, aufzuhalten.

Wenn man das Gold, das heute im Besitze der Menschen ist, in eine feste Masse (solid block) verwandeln könnte, so würde es einen Kubus bilden, dessen Seiten jede 22 Fufs mäfsen; das Silber würde in derselben Weise einen Kubus darstellen, von dem jede Seite 66 Fufs mifst. Diese beiden Kolosse hingen früher zusammen in der Wagschale des Geldes, jetzt, nach 1873, ist die Hälfte des Silberkubus aus der Geldschale herausgenommen und in die Warenschale geworfen worden. Es ist leicht einzusehen, dafs diese aufserordentliche Änderung mit Naturnotwendigkeit die Warenschale zum Sinken zwang, mit anderen Worten, die Preise fielen.

Hieraus ergiebt sich das Mittel der Hilfe für die Zukunft: Es sind zwei Metalle nötig, um der gesteigerten Produktion das Gegengewicht zu halten.

Seit Menschengedenken sind Gold und Silber unzertrennliche Bundesgenossen gewesen, deren Verhältnis zu einander sich im Laufe der Zeit nur wenig geändert hat. Durch Wägungen tausender von Gold- und Silbermünzen hat Professor Brugsch [1]) gezeigt, dafs das Verhältnis zwischen Gold und Silber in den alten egyptischen Münzen sich auf 1 : 12.5 stellte. Doktor Brandes giebt dasselbe für Babylonien und alle Länder, die die babylonische Währung adoptierten, auf 1 : 13 $1 \over 3$ an. Vom siebenten Jahrhundert vor unserer Zeitrechnung bis nahezu auf unsere Tage (d. h. bis zum Anfang der 70 er Jahre) hat sich das Verhältnis zwischen 13$1 \over 2$ bis 15 gehalten. Wir wissen, dafs zu gewissen Zeiten, z. B. zur Zeit der Perserkriege, der Entdeckung des Seeweges nach Ostindien und der Besitzergreifung von Amerika eine plötzliche Einwirkung auf das eine oder andere der beiden Edelmetalle stattfand. Doch der gesunde Menschenverstand der grofsen Handel treibenden Völker des Altertums, ihre Sorgfalt, die Interessen der Engros- wie der Detailhändler zu wahren, hat den Respekt vor dem relativen Werte der Silber- und Goldmünzen, wie er durch den Staat garantiert war, aufrecht zu erhalten vermocht.

Silber und Gold, welche also seit den frühesten Zeiten aufs Innigste miteinander verbunden und als gemeinsames Geld zu einem von Zeit zu Zeit durch die Regierungen fixierten Verhältnis bei den meisten Nationen in Gebrauch waren, sind jetzt vollständig voneinander getrennt worden; ihre lange gemeinsame Regierung hat aufgehört. Es ist diese Ehescheidung die bemerkenswerteste, die die Welt je gesehen, mit den weitgehendsten Konsequenzen. Gold und Silber sind verschiedene Mafsstäbe des Preises geworden. Seit dieser Trennung haben sie sich von Jahr zu Jahr immer weiter von einander entfernt.

Diese enorme Revolution im Geldwesen hat den agrarischen Notstand produziert, welcher die Goldwährungsländer seit den 70 er Jahren in den Schatten einer niedergehenden Konjunktur stellt. In Mexiko, Indien und dem Osten Asiens haben die Preise keine bemerkenswerte Änderung erfahren. Sie sind wesentlich dieselben geblieben wie vor

---

[1]) Aus einem Artikel der Times von Professor Max Müller in Oxford.

20 Jahren. gleichgültig. ob man sie durch das Silbergeld jener Länder, oder durch Silberbarren (bullion) in London mifst. Eine Unze Silber z. B. tauscht man für ungefähr dieselbe Quantität Weizen, Schaf- oder Baumwolle oder andere Produkte aus, als ehedem. Daher scheint der Schlufs unvermeidlich, dafs der Preisfall in den Goldwährungs-ländern hauptsächlich herbeigeführt worden ist durch ein seit der Trennung vom Silber stattgehabtes Steigen in dem Werte des Goldes in Relation zu den Waren, und dafs der Preisrückgang das direkte Ergebnis der im vorhergehenden behandelten Währungsgesetzgebung ist. Die Wirkungen derselben kommen in dem beistehenden Diagramm deutlich zum Ausdruck. Die drei darin vorhandenen Linien zeigen die Preisbewegung des Silbers. englischen und wälschen Weizens, und 22 Welthandelsartikel seit 1873–1895 an.

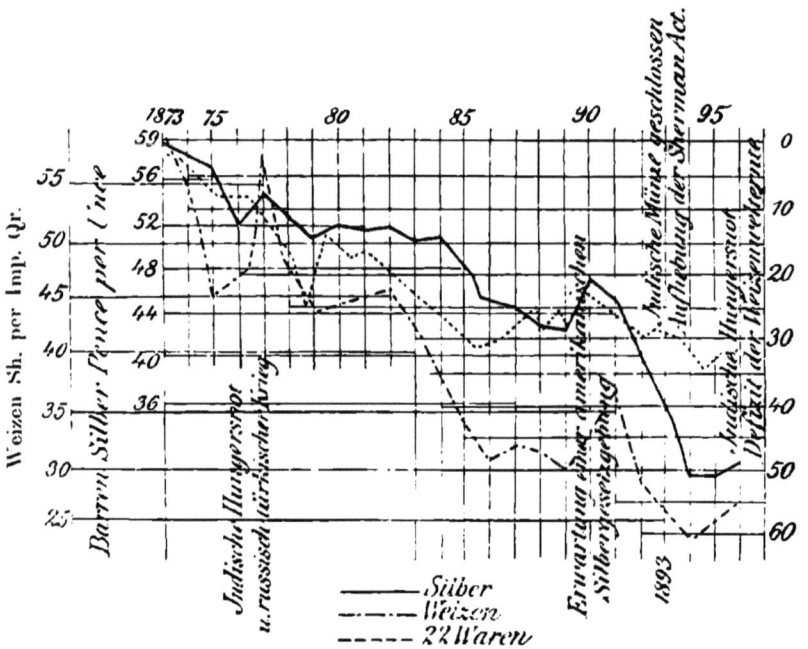

Der allgemeine Parallelismus dieser 3 Linien über so viele Jahre hinweg kann unmöglich auf einem reinen Zufall beruhen. Er reprä-sentiert vielmehr den Grundrifs von Ursache und Wirkung. Die er-klärende Ursache ist bereits hervorgehoben worden. Die absteigenden Linien registrieren den Fall der Preise, in Gold gemessen.

Dieser Preisfall der Waren ist in Wirklichkeit eine Wertsteigerung jenes Metalls. Denn bald nach der Annahme der Preferenzial-Politik für Gold begann, wie wir gesehen haben, das gelbe Metall im Vergleich mit seinem alten Freunde, dem Silber, im Werte zu steigen. Je mehr diese Politik in Europa Terrain gewann, je höher der Wert des Goldes stieg, desto tiefer sanken die Warenpreise, für die das Gold der Wertmafsstab ist. Als man im Jahre 1890 erwartete, dafs das neue, zu Gunsten des Goldes geschaffene Monopol durch die Rückkehr zur freien Silberprägung in den Vereinigten Staaten aufgehoben werden würde, fiel der Wert des Goldes rapide, wie die entsprechenden Preislinien des Diagramms beweisen. Als dann im Jahre 1893 die englische Regierung die indische Münze schlofs, und die Vereinigten Staaten bald darauf die Sherman Act aufhoben, stieg das Gold wieder schneller hinauf als je. Und da eine Erhöhung in dem Werte dieses Metalls einen Fall in dem Werte anderer, damit gemessener Waren bedeutet, so fallen die Linien in dem Diagramm stark ab. Die Abwärtsneigung derselben zeigt also den Fall der Preise an, der infolge des steigenden Goldwerts eingetreten ist. Ihre Aufwärtsbewegung ist, wo sie eintritt, ein Index für die temporäre Entwertung jenes Metalls und für das daraus folgende Steigen der Preise.

Man hat diese Verhältnisse vielfach bereits vor Einführung der Goldwährung vorausgesehen. Als z. B. 1870 in Paris die Schliefsung der Münze für Silber diskutiert wurde, sagte Baron Rothschild: „Die äufserste Konsequenz würde eine vollständige Demonetisierung des Silbers sein. Das würde aber die Zerstörung eines Teils des Weltkapitals bedeuten. Es würde soviel heifsen wie Ruin."

Die thatsächliche Entwicklung beweist, wieviel Scharfsinn in diesen Worten liegt: Die teilweise Demonetisierung des Silbers hat den Wert der Produkte und des Eigentums in allen Goldwährungsländern heruntergedrückt.

Es ist von Interesse, den Ursachen der Goldverteuerung noch weiter nachzugehen. Dafs die Not der Landwirtschaft von dem Fall der Preise herrührt, ist über allen Zweifel erhaben. Was ist aber Preis? In Grofsbritannien wird der Preis gemessen durch eines der edlen Metalle, nämlich Gold. Das englische „Pound" ist ein Stück Gold von einem bestimmten Gewicht und Feingehalt, Sovereign genannt. Aber Gold ist selbst eine Ware und ähnlich jeder anderen Ware wechselt sein Wert mit den Änderungen von Angebot und Nachfrage. Die Beschaffenheit des Sovereign bleibt

natürlich dieselbe, aber sein Wert im Austausch mit anderen Dingen
ändert sich.

Vor 1873 hatten die Goldwährung nur England und einige seiner
Kolonieen, sowie Portugal, d. h. eine Bevölkerung von unter 50 Millionen. Heute ist das Gold (nach einer Rede von Sir John Lubbock
in der Währungsdebatte im Hause der Commons am 17. März 1896)
bei 360 Millionen Menschen oder bei mehr als 7 mal soviel wie früher
Währungsmetall. Wie könnte eine solche enorme Vermehrung der
Nachfrage nach Gold eine Erhöhung seines Wertes unterlassen haben,
vor allem wenn man sich vergegenwärtigt, dafs während der 20 Jahre
vor 1889 die jährliche Produktion der Minen geringer war, als vorher! In diesen 20 Jahren betrug sie im Durchschnitt unter 21 Millionen
£ pro Jahr, im Vergleich mit über 25 Millionen £ in den früheren
17 Jahren. Von diesem verminderten Betrage werden 13 Millionen
£ jährlich in der Industrie konsumiert und 1 Million £ entfallen auf
Verluste und Abnutzung. Es bleiben demnach nur 7 Millionen pro
Jahr übrig; von diesen gehen noch einige Millionen nach dem Osten
Asiens, die nicht wiederkommen, und das übrige dient dazu, den
wachsenden Bedarf der ursprünglichen, aber sich stetig vermehrenden
50 Millionen Menschen, und aufserdem die ganze neue Nachfrage von
310 Millionen Menschen zu befriedigen. Es ist sicher, dafs diese neue
Lage der Dinge den Wert des Goldes ganz enorm erhöht haben mufs.
Nach den Sauerbeckschen Indexziffern ist sein Wert, d. h. seine
Kaufkraft zwischen 50 und 60 %, gestiegen. Das Steigen des Gold-
wertes aber mufs sich natürlich in einem allgemeinen Fall der Warenpreise ausdrücken, aber nicht notwendig in dem Preise aller Waren
gleichmäfsig und in derselben Zeit; denn es können Kräfte mit noch
gröfserer Macht, als sie in den Geldverhältnissen liegt, dem temporär
oder für die Dauer entgegenwirken. Ein Beispiel hierfür bietet die
grofse Dürre des Jahres 1893, welche den Heuvorrat temporär so
verminderte, dafs der Preis dafür auf mehr als das Doppelte der
früheren Jahre stieg.

Wir haben also gesehen, dafs infolge der steigenden
Nachfrage nach Gold von Seiten so vieler Nationen
in den letzten 20 Jahren sich der Wert desselben kolossal
erhöht hat; das hat einen Fall in dem allgemeinen
Niveau der Preise, die damit gemessen werden, hervorgerufen, und die Thatsache. dafs Gold jetzt von anderen
Edelmetallen getrennt ist, hat diese Wirkung noch verschärft.

In Bezug auf den letzten Punkt ist noch besonders hervorzuheben, dafs die grofsen Änderungen des Geldwesens, die in den 70 er Jahren Platz griffen, ein gigantisches Schutzsystem des Goldes entwickelten, das den alten Freund des letzteren, das Silber, vom freien Wettbewerb ausschloss und ein Monopol für das gelbe Metall schuf. Früher blieben die auf der gemeinsamen Produktion der beiden Metalle ruhenden Preise frei von menschlichen Eingriffen: jetzt hat die Gesetzgebung ein Metall ausgeschlossen und das andere privilegiert. Auf diese Weise hat man an die uralte Währung, an das gemeinsame Mafs der beiden Edelmetalle, Hand angelegt, wie es bisher nie in der Geschichte vorgekommen ist. — Diejenigen Nationen, welche bei der alten Währung verblieben, erfreuen sich heute noch des unschätzbaren Segens stabiler Preise und haben ihrer Landwirtschaft und ihrer Industrie die grofsen Leiden erspart, welche wir in allen Goldwährungsländern antreffen.

Das zeigt sich deutlich in einer Vergleichung des verschiedenen Preisniveaus, das heute in den Gold- und Silberwährungsländern existiert. Die landwirtschaftlichen Produkte und andere Waren werden heute, wie die Aussagen klar erkennen lassen, ungefähr gegen dasselbe Gewicht Silber ausgetauscht, als vor dem Preisfall. Selbstverständlich würden aus jeder Unze dieses Silbers — wenn die Münzen nicht gegen ihre Prägung geschlossen wären, — ebensoviel Geldstücke hergestellt werden wie früher. Eine Unze Silber wird in Münzen von ungefähr 5 sh umgeprägt. Ein Bushel Weizen wird heute (Juni 1897) ungefähr gegen 1 1/2 Unzen Silber ausgetauscht, sodafs, wenn freie Prägung herrschte, der Bushel heute einen Wert von 7 sh 6 d haben würde. Dieser Preis, durch Gold gemessen, aber ist nur 3 sh 6 d.

Es ist wahr, dafs England selbst seit 1816, dem Jahre, in dem es von der Silber- zur Goldwährung überging, in seiner Währung keine Änderung hat eintreten lassen. Aber die Antisilbergesetzgebung des Kontinents und der Vereinigten Staaten hat genau denselben Effekt auf die Preise in England ausgeübt, als wenn England dieser Gesetzgebung neu beigetreten wäre. Auf Grund dieser Änderungen ist der Wert d. h. die Kaufkraft des Goldes in allen Goldwährungsländern enorm gestiegen und England befindet sich unter ihnen. Von 1816 bis 1873 war England von einer nachteiligen Wirkung, die aus dem Verlassen der Silber- und der Einführung der Goldwährung im eigenen Lande hätte hervorgehen können, bewahrt geblieben. Die Prägungen Frankreichs und anderer Nationen, deren Münzen den beiden Metallen, deren Verhältnis zu einander fixiert war, offen standen,

hielten Gold und Silber zusammen. Sie waren Teile eines Gold-
mafses. Die Goldwährung war eine besondere Währung nur dem
Namen nach.

Seitdem aber die mittel- und westeuropäischen Nationen dem
Beispiele Englands gefolgt sind. ist die Trennung beider Metalle wirklich durchgeführt worden. Seit dem datiert die Preferenz des Goldes und die Feindschaft gegenüber dem Silber und es ist ganz gleich,
ob dieselbe von Berlin, Washington, Paris, Wien oder Kalkutta
ausging; sie hat die Stabilität der englischen Währung untergraben.

Damit wäre des weiteren dargethan, dafs die Wertsteigerung
des Goldes ihre Ursache in der Preferenzialpolitik der mittel- und
westeuropäischen Nationen hat. Sie ist verantwortlich zu machen,
für den phänomenalen Fall der Preise in allen Goldwährungsländern.

Die Verringerung der Cirkulationsmittel, an der wir leiden, ist
daher nicht die Folge einer natürlichen und unvermeidlichen Ursache,
noch eines Mangels an Erzgruben, sondern eine Folge der Gesetzgebung, welche ein Interdikt über die alte freie Prägung des Silbers
ausgesprochen hat. Die Beseitigung dieser Beschränkung und eine
Rückkehr zu der alten Münz- und Prägefreiheit ist das einzige Mittel,
welches der Landwirtschaft helfen kann.

Würde man wieder, so führt Mr. Everett am Schlufs seiner
Note aus, zu der alten Politik der Gleichbehandlung beider Edelmetalle zurückkehren, so würde sich der metallische Vorrat an Geld
vermehren; der erste Schritt in dieser Richtung würde den ungleichen
Wettbewerb herabmindern, mit dem jetzt die Farmer der Goldwährungsländer zu kämpfen haben. Denn Vermehrung des Geldes bringt
der Landwirtschaft Prosperität, Verminderung desselben bringt ihr
Depression. Die grofse agrarische Krisis der Gegenwart läfst sich
nur beseitigen, durch Aufhebung dieser künstlichen Beschränkung
und Rückkehr zur Freiheit. Freimünzen sind die geeigneten Be-
gleiter des freien Handels. Es ist bemerkenswert, dafs das Schliefsen
der Münzen den Anstofs gab zu dem vollständigen oder teilweisen
Schliefsen der Häfen. Zur Freiheit beider zurückkehren, ist der
bessere Weg! Die freie Prägung und die damit verbundene Vermehrung des Geldvorrats würde allen produktiven Industrieen zum
Segen gereichen und eine ähnliche Periode wiederbringen, wie sie nach
den grofsen Goldentdeckungen eintrat.

Wenn es wahr ist, so resümiert die Kommission, dafs eine

Vermehrung des Geldes die Preise hebt und eine Verminderung sie herabsetzt — und diese Voraussetzung
wird wohl von niemandem bestritten — dann scheint es
uns, dafs die Preise bis zu einem gewissen Umfange von
den Änderungen berührt worden sein müssen, die durch
die Suspendierung der Silberprägung herbeigeführt
wurden. Wir glauben nicht, dafs die Ansichten über
die Wirkungen der Divergenz beider Metalle, wenn es
sich um Waren, wie z. B. Weizen handelt, die zwischen
Gold und Silber zahlenden Ländern ausgetauscht werden, mit Erfolg widerlegt sind. Wir stützen uns in
beiden Punkten auf die einstimmige Meinung der Mit-
glieder der Gold- und Silberkommission, welche ausdrücklich Bezug nimmt auf die nachteilige Situation,
in welcher der englische Weizenbauer im Vergleich mit
dem indischen zur Zeit sich befindet. Wir glauben,
dafs der Produzent in den Ländern mit Silberwährung
einen Vorteil vor dem englischen Mitbewerber hat, dafs
er befähigt ist, bei einem Fall im Kurse einen niedrigeren Preis für Weizen zu fordern, als sein Konkurrent in England und dafs im Verlauf einer allgemeinen
Anpassung der Preise, welche noch nicht eingetreten
ist und die noch weit entfernt sein kann, dieser Vorteil
bestehen bleibt. Wir glauben daher, dafs der englische
Weizenpreis in Gegenwart und Vergangenheit künstlich gedrückt wird. Das alles gilt mutatis mutandis
auch für Länder mit Papierwährung.

Das Resultat, zu dem die Kommission nach diesen Erörterungen
kommt, besteht darin, dafs eine Änderung der Währungspolitik auf
internationalem Wege Platz greifen müsse. Über die Bedingungen
und die Ausdehnung dieses Abkommens sich näher auszusprechen,
hält sie nicht für ihre Sache, weil die ganze Frage zu grofse Rücksichten erfordere und zu viele Interessen berühre. Sie fährt dann
fort: Wir raten nicht dazu die Goldwährung in England
aufzugeben, aber wir glauben, dafs, wenn eine Mächte-
konferenz zusammenträte, die ein internationales Übereinkommen träfe, dem zu Folge im Ausland und in Indien die Silberprägung entweder ganz oder teilweise
auf den Stand vor 1873 zurückgeführt würde, dies für
Industrie und Landwirtschaft von gröfstem Nutzen wäre.

Zu diesem Zwecke möge die Regierung mit anderen Mächten in Verbindung treten, wie es bereits durch eine Resolution im Hause der Commons vom 26. Februar 1895 bestimmt war. Durch ein internationales Übereinkommen in Bezug auf Einführung des Bimetallismus würde der langandauernde Fall der Preise, der die Quelle der gegenwärtigen Krisis ist, gehemmt werden, und eine zukünftige Preisbewegung würde eher die Tendenz haben zu steigen, als zu fallen.

Schluſs.

Fragen wir zum Schluſs noch, was aus dem vorliegenden Material über die englische Agrarkrisis unter Berücksichtigung der Unterschiede für die deutsche Landwirtschaft besonders hervorzuheben ist, so können wir zuerst im allgemeinen sagen, daſs in Deutschland die Krisis weniger intensiv ist, als in England. Das zeigt vor allem ein Vergleich in dem Fall der deutschen und englischen Getreidepreise. Bis zur ersten Hälfte der 70 er Jahre stand in England der Weizenpreis höher als in Preuſsen, das damals noch groſse Mengen exportierte. Von diesem Zeitpunkt an aber trat eine Verschiebung ein. Nach Conrad (Handwörterbuch der Staatswissenschaften Artikel Getreidepreise) betrug der Preis für 1000 kg Weizen in:

	Preuſsen (alten Bestandes)	England
1871—1875:	235,2 M.	246,4 M.
1876—1880:	211.2 „	206,8 „
1881—1885:	189,0 „	180,4 „
1886:	134.0 „	137,2 „
1887:	164,0 „	147,6 „
1888:	168,0 „	144,6 „
1889:	192,0 „	137,0 „
1890:	189.0 „	147,8 „

In den letzten Jahren stellten sich die Durchschnittspreise des Weizens pro 1000 kg für London und Stettin [1] folgendermaſsen:

	1897	1896	1895	1894	1893	1892
London [2]	145	129	113	115	131	153
Stettin	— [3]	154,2	141,9	133,6	149,8	181,6

[1] Vgl. pag. 116.
[2] Produktenbörse (Mark Lane) englisch Weiſs.
[3] Amtliche Notierungen nicht vorliegend.

Hieraus ergiebt sich, dafs die Hauptursache der Krisis, der Fall der Getreidepreise, bei uns in geringerem Mafse vorhanden ist, als in England. Die mäfsigere Preissenkung liegt begründet in unserem Schutzzollsystem, zu dessen Annahme sich Grofsbritannien bisher nicht hat entschliefsen können, sowie in unsrer weltwirtschaftlichen Lage. Der Anprall fremder Produkte mufste naturgemäfs für das britische Inselreich ein heftigerer und stärkerer sein als für irgend einen der Staaten des Kontiments.[1])

Es ist ferner wichtig, dafs auch bei uns die einzelnen Produktionszweige der Landwirtschaft nicht gleichmäfsig betroffen sind. In England und Schottland sind es in erster Linie die Ackerbaugrafschaften des Ostens und in viel geringerem Mafse die Weidedistrikte der centralen und westlichen Gebiete die unter der Krisis leiden. Es hat sich aber auch vielfach konstatieren lassen, dafs Betriebe und ganze Gegenden, die sich mit Marktgartenbau, Beeren- und Obstbau, Geflügelzucht etc. beschäftigen, auch unter den gegenwärtigen Zeitverhältnissen prosperieren.

In Deutschland wird man vielleicht auch die grofsen Agrardistrikte östlich der Elbe als diejenigen bezeichnen können, die am meisten von der rückgängigen Konjunktur der Getreidepreise mitgenommen worden sind. Gemüse und Spezialkulturen rentieren auch bei uns am besten. Aufserdem sind mir in Schleswig und Holstein, der Lüneburger Heide, Oldenburg und der Rheinprovinz zahlreiche Betriebe bekannt, die über eine Not der Landwirtschaft nicht klagen. Es sind das vor allem die reichen Marschwirtschaften, die Güter mit Bienenzucht und Waldwirtschaft, mit Weinbau etc.

Allein der Angelpunkt der deutschen Landwirtschaft bleibt der Getreidebau. Das liegt in klimatischen und Bodenverhältnissen begründet. Daher hat sich auch in Deutschland nicht jener Prozefs vollzogen, den wir in England kennen lernten, wo immer mehr Ackerland in Weide verwandelt wurde. England ist ja von Natur ein Weideland. Noch im vorigen Jahrhundert hatte die Weide das Übergewicht. Unter den hohen Weizenpreisen im Anfange dieses Jahrhunderts, wo man für den Quarter mehr als 100 Shilling zahlte, verschob sich das Verhältnis zwischen Acker- und Weideland immer mehr zu Gunsten des ersteren. Es wurden grofse Flächen armen

---

[1] Zur Erhärtung der Behauptung, dafs die deutsche Landwirtschaft weniger unter der gegenwärtigen Krisis leidet als die englische, würde natürlich noch mehr Beweismaterial erforderlich sein, als wir es an dieser Stelle geben können.

Bodens. Hügelland, Schaftriften. Heide etc. in Kultur genommen. Der
Ertrag dieses Bodens letzter Klasse an Getreide war gering, aber die
hohen Preise machten ihn doch lohnend. Diese Bedingung hat jetzt
aufgehört: Die Preise sind gesunken, das Land lohnt nicht mehr die
Bestellung. Man überläfst es entweder sich selbst, oder wandelt es
planmafsig in Weide um. Dieser historische Rückblick erscheint mir
für das Verständnis der besprochnen Entwickelungstendenz von Bedeutung. In Deutschland haben solche Verschiebungen nicht stattgefunden. Die bebauten Flächen haben sich wenig geändert. Bei
uns betrug nach der Ackerbaustatistik[1] das Areal für die beiden
wichtigsten Getreidearten in 1000 ha ausgedrückt:

	1878	1883	1893	1894	1895	1896
Roggen:	5950	5817	6016	6045	5893	5982
Weizen:	1819	1926	2045	1981	1931	1927

Hieraus ist ersichtlich, dafs die mit Roggen und Weizen bebaute
Fläche bis 1893 zugenommen hat, dafs seitdem allerdings ein
kleiner Rückgang eingetreten ist. Von einem Stillstand oder abso-
luten Rückschritt in der Produktion kann daher gar nicht die Rede
sein. Allerdings wird man nicht behaupten können, dafs sie mit dem
Wachstum der Bevölkerung gleichen Schritt gehalten habe. Es ist
anzunehmen, dafs die Vermehrung im Zusammenhang steht mit der
Mehrverfütterung billigen Getreides an Vieh, denn die Viehbestände sind, wie die Statistik zeigt, auch bei uns bedeutend gestiegen
ein Zeichen dafür, dafs man mehr Gewicht auf die Viehzucht zu
legen beginnt. Es wurden im Deutschen Reich gezählt:[2]

Pferde	1873:	3 352 231 Stück
	83:	3 522 545 „
	92:	3 836 256 „
	97:	4 038 485 „
Rindvieh	1873:	15 776 702 Stück
	83:	15 786 764 „
	92:	17 555 694 „
	97:	18 490 772 „
Schweine	1873:	7 124 088 Stück
	83:	9 206 195 „
	92:	12 174 288 „
	97:	14 274 557 „

[1] Vierteljahrshefte zur Statistik des Deutschen Reiches 1894 X pag. 121—187;
1896 III pag. 33.

[2] Vierteljahrshefte zur Statistik des deutschen Reichs 1898 II Heft p. 158.9.

Schafe 1873: 24 999 406 Stück
     83 : 19 189 715 „
     92 : 13 589 612 „
     97 : 10 866 772 „

Auf 100 Einwohner berechnet kamen:

	1873	1897
Pferde	8.2	7.7
Rindvieh	38.4	35.4
Schweine	17.4	27.3
Schafe	60,9	20,8

Aus den letzten Zahlen ergiebt sich, dafs die Bevölkerung schneller gewachsen ist, als die Fleischproduktion im allgemeinen.

Was die Intensität der Bewirtschaftung anbelangt, so ist man heute in England mehr geneigt, an Kapital und Arbeit zu sparen. Man giebt dem Boden nur die notwendigste Bestellung und vermindert das Arbeitspersonal — ohnehin bedarf ja die Weidekultur weniger der menschlichen Arbeitskraft als irgend ein anderes landwirtschaftliches Betriebssystem.

Auch für Deutschland ist für viele Verhältnisse eine extensivere Wirtschaftsform angezeigt, wie beispielsweise die günstige Situation, in der sich die Gründungsbetriebe befinden, beweist.

Dem widerspricht allerdings die herrschende Ansicht unserer Landwirte und Theoretiker. Man hat die intensive Wirtschaftsweise geradezu als Dogma der rationellen Landwirtschaft aufgestellt und das Streben nach Intensität als das Ideal verklärt, dem sich der Landwirt immer mehr zu nähern habe. Landwirte und Nationalökonomen wie von der Goltz und Brentano glauben, dafs es möglich sei, den durch die Krisis herbeigeführten Preisfall der landwirtschaftlichen Produkte durch intensivere Bewirtschaftung zum mindesten kompensieren zu können.

Dieser Anschauung ist vor allen Professor Howard in Leipzig entgegengetreten. Wir erfahren aus einer vor kurzem veröffentlichten kleinen Schrift,[1] dafs etwa 30 % der Rechnungen, die er für Landwirte aus den verschiedensten Teilen Deutschlands ausführte, schlechte Rentabilitätsverhältnisse, d. h. gar keinen oder einen sehr geringen Reinertrag, aufwiesen. Dazu bemerkt Howard: „Ohne indiskret zu sein, kann ich verraten, dafs kein einziges der angeführten Güter etwa — aus Mangel, weit eher aus Übermafs an der Intensität zu

---

[1] Howard: Freiherr von der Goltz und Graf zur Lippe und deren Ermittelung von Produktionskosten und Reinertrag pag. 13, 14, 15.

den schlechten Ergebnissen gekommen ist" — und als allgemeine
Regel stellt er den Grundsatz auf: „Es giebt in jeder Wirtschaft eine
Grenze, über welche hinaus die Intensität des Kapitals- und Arbeits-
aufwandes nicht getrieben werden darf, ohne der Rentabilität zu
schaden und je schlechter die Verwertungsverhältnisse unserer Produkte sich gestalten, um so schärfer wird man von Fall zu Fall diese
Grenze zu finden suchen müssen."

Ob die Krisis dahin gewirkt hat, diese Grenze mehr nach oben
oder unten hin zu verschieben, d. h. ob heute die Güter mit gröfserer
oder geringerer Intensität mehr prosperien, erscheint einer weiteren
auf exakter Einzelrechnung basierten Untersuchung wohl wert.

Was die Wirkung der Krisis auf die einzelnen Klassen der
Landwirte anbelangt so haben wir gesehen, dafs in Grofsbritannien
mehr und mehr die Last der schweren Zeit von den Schultern der
Pächter auf die der Eigentümer abgewälzt worden ist und dafs namentlich die kleinen selbstwirtschaftenden Eigentümer, die Yeomen sowohl
als auch die Freeholders, sich in einer ungeheuer schwierigen Lage
befinden. Die Pächter sind in England die zahlreichste Klasse. Von
den 520 106 Betrieben über 1 Acre waren 1895 439 405 in Pacht
und nur 61 014 in Eigenbesitz; 19 687 waren teils verpachtet, teils
selbst bewirtschaftet. Die Lage der Pächter ist, wie wir gesehen
haben, zwar auch eine sehr schlimme ihre Verluste aber sind doch
nicht so bedeutend, wie die der Eigentümer. Am wenigsten haben unter
dem Druck der Krisis im allgemeinen die landwirtschaftlichen Arbeiter
gelitten. Wir vermögen uns auf Grund dieses Resultats nicht ganz
den Ansichten von König[1]) anzuschliefsen, der sein Gesamturteil über
die gegenwärtige Lage der englischen Landwirtschaft dahin zusammen-
fafst, dafs die Agrarkrisis in England zwar noch nicht vorbei, aber
doch zum grofsen Teil überstanden sei, dafs die Gutsbesitzer und
Pächter — wenn auch mit vorübergehenden Verlusten — sich den ge-
änderten Verhältnissen angepafst hätten und demnach die englische
Landwirtschaft auf gesunder Basis stehe.

In Deutschland ist die soziale Schichtung eine ganz andere: Der
Pächterstand tritt ganz zurück, die grofse Masse der deutschen Landwirte sind Eigentümer an Grund und Boden. Von den 1895 ge-
zählten 5 556 900 Betrieben haben 2,2 Millionen oder 40,68 % eigenes
Land und das Pachtland verteilt sich folgendermafsen:

---

[1]) Die Lage der englischen Landwirtschaft unter dem Drucke der internationalen Konkurrenz der Gegenwart. Jena 1896.

Ausschliefslich		912 747 = 16,43 %
Mehr als zur Hälfte	} Pachtland	532 870 = 9.59 „
Weniger als zur Hälfte		1 160 703 = 20,89 „

In Bezug auf die Verteilung der bewirtschafteten Fläche, die 43,2 Millionen ha beträgt, sind 37.2 Millionen ha, oder 86,11% eigenes und nur 5,3 Millionen ha, oder 12,38 % Pachtland. Seit 1882 haben sich sowohl die Pachtbetriebe als auch die Pachtländereien vermehrt: Die ersteren um 283 421 oder 12,20 %, die letzteren um 183 581 ha oder 3.55 %.

Bei einer Untersuchung über die Wirkungen der Krisis würde in Deutschland in erster Linie der Bauernstand in Betracht kommen: denn bei uns entfällt der gröfste Teil aller Betriebe, nämlich 41.33 % nach der landwirtschaftlichen Betriebszählung von 1895 auf kleinen, mittleren und grofsen bäuerlichen Besitz (2—100 ha). Dieser breite bäuerliche Mittelstand bewirtschaftet 70,36 % der landwirtschaftlichen Fläche. Unter dieser Mittelschicht befindet sich der kleine Besitz mit weniger als 2 ha, dessen Parzellenzahl sich auf 58,22 % stellt. der aber nur 5,56 % des landwirtschaftlichen Bodens einnimmt. In dritter Linie kommt in Betracht der Grofsbetrieb der nur 0.45 % aller Betriebe und 24.08 % des ländlichen Areals umfafst.

In welcher Weise sich die Krisis auf diese drei Klassen Bauern, kleine Landwirte. und Grofsgrundbesitzer in Deutschland verteilt, müfste der Gegenstand einer besonderen Untersuchung sein. Wenn es sich auch nicht ohne weiteres endgültig entscheiden läfst, welche dieser Klassen am meisten gelitten hat, so ist doch anzunehmen, dafs die in der Minderzahl vorhandnen, für den Markt arbeitenden Grofsbetriebe infolge der gesunkenen Preise stärker affiziert worden sind, als solche, die nur wenig zu verkaufen haben oder etwa gar nur für den eigenen Bedarf produzieren, oder die noch Getreide zukaufen müssen. v. d. Goltz, [1] ein guter Kenner der deutschen Agrarverhältnisse, kommt von der Zahl der Verschuldungen und Zwangsversteigerungen ausgehend auch zu dem Schlufs, dafs der Grofsgrundbesitz sich in einer bedrängteren Lage befindet als der bäuerliche Besitz. Auch dürfte es nicht unrichtig sein, wenn man behauptet, dafs sich die landwirtschaftlichen Arbeiter in Deutschland infolge der Krisis in einer schlechteren Lage befinden, als in England, wo der Standard of Life im allgemeinen ja ohnehin ein bedeutend höherer ist.

Das wären die wichtigsten Gesichtspunkte, die bei einer Parallele

---

[1] Die agrarischen Aufgaben der Gegenwart. Jena, G. Fischer 1894 p. 92 ff.

zwischen der Ausbreitung und Wirkung der Agrarkrisis in England und Deutschland zu berücksichtigen sind.

Die allgemeinen Ausführungen für Grofsbritannien in Bezug auf die Ursachen der Krisis, speziell den ausländischen Wettbewerb, sind mutatis mutandis auch für Deutschland mafsgebend. Aus der hieran anknüpfenden Revolutionsgeschichte der englischen Preise verdient besonders die Thatsache hervorgehoben zu werden, dafs die Primaqualitäten landwirtschaftlicher Produkte, namentlich beim Fleisch, die geringsten Preisrückgänge erfahren haben — ein Fingerzeig für den deutschen Landwirt, möglichst erstklassige Ware zu produzieren! Dafs bei uns das Getreide höher notiert als auf englischen Märkten ist schon erwähnt worden. Deutschland vermag auch noch in höherem Mafse seinen Getreidebedarf selbst zu decken. Von den Getreide Gesamtbedarf der sich im Jahre 1896 auf rund 20 Millionen Tonnen stellte, bestreitet unsere Landwirtschaft 15 Millionen Tonnen, das Ausland 5 Millionen Tonnen, d. h. ein Viertel des Gesamtbudgets. Es ist jedoch nicht zu verkennen, dafs bei unserer rapiden Bevölkerungszunahme, die alljährlich $\frac{1}{2}$—$\frac{3}{4}$ Millionen beträgt, die Getreidezufuhr vom Auslande immer gröfsere Dimensionen annehmen mufs, zumal Deutschland mehr und mehr zum Industriestaat wird.

Die Untersuchungen über die grofsen Getreideexportländer der Welt haben gezeigt, dafs eine Verminderung der Ausfuhr vorläufig nicht in Sicht ist; allerdings haben die billigen Getreidepreise vielfach auf eine Vermehrung der Erntefläche hemmend oder gar reduzierend gewirkt und den Export teilweise unrentabel gemacht, sodafs heute die grofsen Exportländer ebenfalls unter einer Krisis westeuropäischen Stils leiden; aber es ist wiederholt betont worden, dafs eine kleine Preissteigerung in den Importländern genügt, um die Ausfuhren in ein lebhafteres Tempo überzuführen. Auch für Deutschland steht daher in nächster Zukunft einer Beseitigung dieser Ursache der Krisis nicht zu erwarten.

Wie weit die um 1895 beginnende und bis jetzt anhaltende günstige Konjunktur andauern wird, läfst sich vorläufig noch nicht genau sagen; sie dürfte sich aber, da sie im Gefolge einiger Mifsernten im Auslande, einer momentanen Steigerung der Goldproduktion und der schwierigeren Zufuhren infolge des spanisch-amerikanischen Krieges erscheint, wohl nicht allzu lange behaupten.

Schliefslich sind an dritter Stelle die Linderungs- resp. Heilmittel der Krisis erörtert werden. Starke operative Eingriffe in das Fleisch der kranken Landwirtschaft Grofsbritanniens werden, wie wir gesehen haben, nicht empfohlen. Die Kommission legt das Hauptgewicht auf die Selbsthilfe, das Genossenschaftswesen und eine bessere technische und ökonomische Ausgestaltung des Betriebs. Die Änderungen des bestehenden englischen Agrarrechts bewegen sich nur in engen Grenzen. Es kommt auch für die deutsche Wirtschaftspolitik in erster Linie darauf an, die Härten und Schärfen, die die neue Entwicklung für die grundbesitzenden Klassen mit sich bringt, nach Möglichkeit abzustumpfen. Das ist auch die leitende Idee der von der Kommission gemachten Vorschläge. In Bezug auf die meisten derselben, kann man sagen, dafs sie teilweise in Deutschland bereits durchgeführt sind, teilweise sich spezifisch englischen Verhältnissen anzupassen suchen. Die Reform in den Pachtverhältnissen, wie sie in England angestrebt wird, steht für uns relativ im Hintergrunde, weil, wie gezeigt in Deutschland die Pachtbetriebe nur in geringer Zahl und Ausdehnung vorhanden sind. Trotzdem könnte es vielleicht Gegenstand der Erwägung sein, ob nicht auch bei uns Entschädigungen für Verbesserungen des Gutes, die an abziehende Pächter gewährt werden, vieles für sich hätten. Auf einen Unterschied in den Pachtverhältnissen beider Länder sei noch besonders hingewiesen. England hat einjährige Pachtverträge. Dieselben haben sich besonders geeignet erwiesen zur Abschwächung der schwierigen Lage. Es ist den Pächtern möglich geworden, in kurzen Perioden Anpassungen des Pachtzinses an den gesunkenen Reinertrag zu erzielen. In Deutschland existieren nirgends einjährige Pachtkontrakte; sie umfassen in der Regel viel längere Fristen, wie das vor der Krisis auch in England der Fall war, wenigstens 9—18 Jahre. Es fragt sich, ob nicht auch für unsere Pächter eine Herabsetzung der Pachttermine zu empfehlen sei.

Besonders hinweisen wollen wir noch auf das Urteil der Kommission über das Differenzgeschäft in Getreide und über die Vorbeugungsmafsregeln, die sich gegen Verfälschung heimischer Produkte und den Verkauf fremder Waren unter heimischer Marke richten.

Wenn man das alles berücksichtigt, so kommt man zu dem Ergebnis, dafs in neuerer Zeit in Deutschland für die Landwirtschaft viel mehr auf gesetzgeberischem Wege gethan worden ist, als in England. In weitgehender Weise ist unsere Regierung den Wünschen der deutschen Landwirte entgegen gekommen, wir erinnern nur an die Rentengutsgesetzgebung, die Einrichtung von Landwirtschaftkammern, die Central-Genossenschaftskasse, das Margarine-Gesetz, die Aufhebung der Staffel-Tarife, die Börsenreform u. s. w. Manches bleibt noch zu thun übrig, namentlich auf dem Gebiete der Schuldentlastung. Der verschuldete Grundbesitzer Deutschlands hat gerade so wie der englische ein Interesse an dem Verkauf von Teilen des Gutes und an der Beseitigung von Bestimmungen, die denselben wegen Mithaftung aller Teile illusorisch machen.

Was das deutsche landwirtschaftliche Schul- und Bildungswesen anbelangt, so soll nicht behauptet werden, dafs es etwa schon auf dem Niveau des französischen angelangt wäre, wenn es auch das englische in mancher Beziehung zu übertreffen scheint. Von dem letzteren aber könnten wir namentlich die grofsen praktischen Gesichtspunkte adoptieren. Die landwirtschaftliche Ausbildung beschränkt sich namentlich auf den Universitäten und den wenigen Akademien, die wir haben, aber auch auf den Lehranstalten zweiten Ranges zu sehr auf theoretische Erörterungen. Die auf Seite 109 von der Kommission angegebenen Fächer erscheinen auch für unsere Verhältnisse wichtig, werden aber noch zu wenig berücksichtigt.

Schliefslich noch einige Worte zu dem grofsen universellen Heilmittel der landwirtschaftlichen Krise, das von der Majorität der Kommission am Schlusse empfohlen wird, dem Bimetallismus.

Es ist sehr wahrscheinlich, dafs, wenn überhaupt eine internationale Verständigung resp. Vereinbarung zu Gunsten des Bimetallismus möglich ist, wozu allerdings zur Zeit wenig Aussicht zu sein scheint, eine Preissteigerung aller landwirtschaftlichen Produkte nicht ausbleiben würde. Es würde diese grofse Wirkung eintreten, wenn die verschiedenen Ansätze, die bisher zur Herbeiführung einer internationalen Verständigung gemacht wurden, sich zu einem praktischen Resultat verdichteten. Wir sehen dabei von der Erwägung ab, ob eine derartige Preissteigerung im Sinne der Gesamtheit des konsumierenden Publikums liegen würde.

Was aber die theoretische Begründung des Bimetallismus auf englischer Seite betrifft, so mufs zum mindesten konstatiert werden, dafs man in Deutschland heute nicht mehr so auf die Quantitätstheorie schwört, als dies in England der Fall zu sein scheint. Aber immerhin ist es interessant, zu sehen, welche Zugkraft heute noch den Lehren der alten klassischen Nationalökonomie innewohnt.

Lippert & Co. (G. Pätz'sche Buchdr.), Naumburg a. S.